Pia Mellody, Lawrence S. Freundlich

DROGA DO BLISKOŚCI

Książka, którą nabyłeś, jest dziełem twórcy i wydawcy. Prosimy, abyś przestrzegał praw, jakie im przysługują. Jej zawartość możesz udostępnić nieodpłatnie osobom bliskim lub osobiście znanym. Ale nie publikuj jej w internecie. Jeśli cytujesz jej fragmenty, nie zmieniaj ich treści i koniecznie zaznacz, czyje to dzieło. A kopiując jej część, rób to jedynie na użytek osobisty.

Szanujmy cudzą własność i prawo.
Więcej na **www.legalnakultura.pl**
Polska Izba Książki

Pia Mellody, Lawrence S. Freundlich

DROGA DO BLISKOŚCI

Przekład: Aleksandra Wolnicka

WYDAWNICTWO
CZARNA OWCA

Tytuł oryginału: *The Intimacy Factor. The Ground Rules for Overcoming the Obstacles to Truth, Respect and Lasting Love*
Redakcja: Ewa Jastrun
Projekt okładki: Daniel Rusiłowicz
Skład: Dariusz Piskulak
Korekta: Jadwiga Piller-Rosenberg, Natalia Sikora, Anna Zaremba

Copyright © 2003 by Pia Mellody and Lawrence S. Freundlich.
All rights reserved.
Copyright for the Polish edition © by Wydawnictwo Czarna Owca, Warszawa 2021

Wydanie IV

Druk i oprawa: Read Me
Wydrukowano na papierze Creamy 70 g/m², vol. 2,0
dystrybuowanym przez **ZiNG**

ISBN 978-83-8143-158-3

WYDAWNICTWO
CZARNA OWCA

ul. Wspólna 35/5 | **DZIAŁ HANDLOWY** tel.: +48 22 616 29 36, e-mail: handel@czarnaowca.pl
00-519 Warszawa | **REDAKCJA** tel.: +48 22 616 29 20, e-mail: redakcja@czarnaowca.pl
www.czarnaowca.pl | **SKLEP INTERNETOWY** tel.: +48 22 77 55 705, www.inverso.pl

Spis treści

Wstęp 9

1. Duchowe odrodzenie 15
2. Poczucie fałszywej wyższości i fałszywej niższości. „Lepsi" i „gorsi" od innych 26
3. Doskonała niedoskonałość – wewnętrzne dziecko 40
4. Szersza perspektywa 53
5. Fizyczna bliskość – równowaga trudna do osiągnięcia 63
6. Bliskość emocjonalna i intelektualna – równowaga jeszcze trudniejsza do osiągnięcia 73
7. Zabawa we wzajemne obwinianie 81
8. Granice dotyczące mówienia i słuchania 86
9. Terapia traumy. Wstęp do nauki wytyczania zdrowych granic 125
10. Maksymy do stosowania w związkach 139
11. Odnaleźć równowagę 147

Dodatek. Redukcja toksycznych emocji. Warsztaty. Terapia krzeseł 155

Podziękowania

Pragnę podziękować następującym osobom, które pomagały mi w mojej pracy:

Wszystkim, którzy chętnie zgodzili się wziąć udział w terapii niezbędnej w procesie uzdrawiania.

Larry'emu Freundlichowi, który podczas pisania tej książki tak pięknie ubierał moje myśli w słowa.

Bobowi i Maurine Fulton, którzy swoim życiem i terapią udowadniają, że bliskość w związku jest nie tylko możliwa, lecz także i przyjemna.

Terry'emu Realowi i Belindzie Berman, z którymi od lat współpracuję i którzy pomogli mi dojrzeć.

Monie Sides Smith i Monique Laughlin, dwóm doskonałym terapeutkom, które zgodziły się na sprawdzenie w praktyce skuteczności moich teorii.

*Patowi Mellody,
który przez ponad dwadzieścia lat
wspólnej pracy wspierał mnie,
stawiał przede mną kolejne wyzwania
i nieprzerwanie wierzył, że mogę
dokonać wielkich rzeczy.*

Wstęp

Głównym powodem, dla którego zdecydowałam się napisać *Drogę do bliskości*, była chęć zwrócenia uwagi na rolę, jaką odgrywa duchowość w związku dwojga ludzi. Przez duchowość rozumiem wiarę w istnienie siły potężniejszej od nas samych i pokładanie w niej ufności. W sprzyjających warunkach nasza duchowość potrafi przywrócić nam wrodzone i niezbywalne poczucie własnej wartości, z którym przyszliśmy na świat, a które utraciliśmy na skutek wszystkich traumatycznych doświadczeń życiowych oraz procesów przystosowawczych.

Gdy ludzie poddają się terapii, poznają prawdę o sobie i w świetle tej prawdy uczą się kochać siebie; stają się wówczas gotowi poznać prawdę o innych. Zostają bowiem wyposażeni w osobisty duchowy radar, który pozwala im dostrzegać wokół rozmaite przejawy duchowości, z których najważniejszym są inni ludzie. Odkrywają w nich tę samą wrodzoną wewnętrzną wartość, którą odkryli w sobie. Dzięki temu zmienia się sposób, w jaki traktują swoje otoczenie i w jaki sami są traktowani. To z kolei umożliwia im budowanie związków uczuciowych i sprawia, że są one udane.

Dopiero uznanie tej prawdy czyni możliwą wszelką bliskość, powracamy bowiem do dobroczynnych procesów życiowych, obecnych w nas od chwili narodzin. Odkrywamy swoją duchową ścieżkę i odczuwamy jej niezwykłą moc. W tym momencie osobiście doświadczamy obecności Wyższej Siły. Związek z ową Wyższą Siłą jest najważniejszą rzeczą w moim życiu.

Po raz pierwszy uświadomiłam sobie istnienie tej duchowej więzi na długo przed tym, zanim zaczęłam zgłębiać mechanizmy przemocy dotykającej dzieci i studiować procesy uzdrawiania zadanych im ran. Obecność Boga w moim życiu odczułam na skutek objawienia, które uważam za cud, ponieważ przyszło nieproszone. Prawdę mówiąc, Bóg dał mi odczuć swoją obecność w momencie, kiedy byłam emocjonalnym wrakiem, osobą niezdolną do dbania o własne potrzeby, nie wspominając już o zbudowaniu relacji godnej miana prawdziwego związku.

Zrozumienie, dlaczego i w jaki sposób Bóg nam się objawia, wykracza poza możliwości poznawcze ludzkiego rozumu i nie jest tematem tej książki. Ratując mi życie, Wyższa Siła skłoniła mnie do przeanalizowania moich problemów oraz problemów innych, równie cierpiących ludzi i wskazała mi drogę do ich uzdrowienia. Nauczyłam się stwarzać podczas terapii warunki, w których możliwe jest zrozumienie samego siebie, a ludzie otwierają się na prawdziwe, zdrowe relacje, na bliskość i duchowość. Poznanie i zaakceptowanie prawdy o sobie samym oraz uszanowanie prawdy o innych to dwie drogi, którymi w nasze życie wkraczają duchowość i autentyczna bliskość. Bez nich niemożliwy jest intymny związek dwojga ludzi, a dzięki duchowości związek taki staje się prawdziwym darem.

U podłoża tej teorii leży koncepcja granic psychologicznych, dzięki którym możliwe jest doświadczanie prawdy i szacunku. Przedstawiony w mojej książce system granic pozwala nam w obliczu zewnętrznych nacisków zachować nietknięte poczucie własnej wartości i ograniczyć wpływ opinii lub emocji innych ludzi. Doceniając siebie, w mniejszym stopniu czujemy się zagrożeni przez innych i rzadziej pozwalamy im się upokarzać lub zawstydzać. Nie musimy uciekać się do ofensywnych czy defensywnych zachowań, aby nie stracić godności, pozostanie ona nietknięta. Tylko w takim stanie ducha możemy tworzyć udane związki, jednak dla większości z nas osiągnięcie go jest jednym z najtrudniejszych i najbardziej bolesnych doświadczeń naszego dorosłego życia. A to właśnie nieudane związki przysparzają nam cierpień i największych rozczarowań.

Wiążąc się z drugim człowiekiem, oddajemy mu swoje ciało, myśli i uczucia, akceptując jednocześnie ciało, myśli i uczucia partnera. Jest to konieczne, ponieważ w przeciwnym razie nie może być mowy o prawdziwej bliskości ani o rozwijaniu naszej duchowości.

Ci, którzy nie mogą oddać się partnerowi ani go zaakceptować, czują się nieszczęśliwi; ci, którzy potrafią to robić tak, jak należy, składają tym samym hołd własnemu człowieczeństwu i osiągają równowagę psychiczną, która pozwala im cieszyć się życiem.

Kiedy doświadczamy prawdy o sobie samych, poznajemy swoją wrodzoną, wewnętrzną wartość. Kiedy doświadczamy relacji z drugim człowiekiem – czy to poprzez słuchanie go, dotyk, czy też przez współodczuwanie jego emocji – musimy być gotowi przyjąć prawdę o naszym partnerze i pokochać, a przynajmniej uszanować jego wewnętrzną wartość bez względu na jego zachowanie. Na tym polega nasz duchowy rozwój. Zaczyna się od naszych partnerów, dzieci, przyjaciół, kochanków i wrogów, a kończy na Bogu. Ponieważ właściwie w każdej chwili życia mamy kontakt z bliźnimi, praktyka budowania zdrowych relacji nie tylko uczy nas duchowości, lecz także pozwala nam ją w sobie rozwijać.

Mówi się, że duchowa ścieżka jest wąska i prosta, dawniej jednak często w to powątpiewałam. Wydawało mi się, że kroczenie drogą bożych przykazań sprowadza się do czynienia dobra, co wcale nie jest takie proste, jako że można być dobrym na ograniczoną liczbę sposobów. Od tamtego czasu przekonałam się jednak, że jest inaczej. Duchowa ścieżka rzeczywiście jest wąska i prosta, bowiem wystarczy jedno kłamstwo, aby całkowicie z niej zboczyć. Zrozumiałam to, próbując nauczyć ludzi budowania bliskości w związku. To właśnie wtedy sformułowałam swoją teorię granic.

Wychodząc z psychicznej traumy uniemożliwiającej zaistnienie w naszym związku bliskości, na nowo uczymy się odkrywać poczucie własnej wartości, swoją wewnętrzną siłę i wiarę, bez których intymny związek z drugim człowiekiem w ogóle nie jest możliwy. Moja książka rzuca światło na traumatyczne wydarzenia z naszej przeszłości, oczyszczając w ten sposób drogę do budowania bliskości w relacji z drugim człowiekiem. Uczy technik psychologicznych pozwalających budować intymne relacje z samym sobą, z tymi, których kochamy, oraz tymi, których miłości potrzebujemy. Przede wszystkim jednak mój poradnik uczy, jak kochać i być kochanym.

Droga do prawdziwej bliskości przypomina nastawianie radia. Na początku słychać wyłącznie szum i niezrozumiałe dźwięki, ale po pewnym czasie łapiemy sygnał stacji i odbieramy czysty przekaz. Jeśli jednak nadal będziemy obracać gałką odbiornika, zgubimy sygnał. Wieloletnie doświadczenie nauczyło mnie, że do nastawienia naszej własnej „stacji" niezbędne są dwie rzeczy: prawda i miłość. Odrzucając kłamstwa i dopuszczając do siebie prawdę, automatycznie „nastrajamy się" na moc płynącą ku nam od Wyższej Siły. Wybierając prawdę, zaczynamy kochać siebie i innych, a wtedy nasz „radiowy sygnał" jest idealnie czysty.

Miłość to kontinuum, na które składają się zarówno szacunek dla drugiego człowieka, jak i czułe przywiązanie, zwane przez większość ludzi miłością. Przez wiele lat tkwiłam w błędnym przekonaniu, że kochając kogoś, powinnam nieustannie odczuwać głęboką czułość wobec tej osoby. I choć owa głęboka czułość jest właśnie podstawą relacji dwojga ludzi, jakość ich związku zależy także od innych odcieni miłości. Poznając prawdę o drugim człowieku, często odkrywamy, że jest to osoba trudna, w jak najbardziej ludzkim znaczeniu tego słowa. Możemy wtedy czuć strach, ból lub wstyd, ale żadne z tych uczuć nie jest przyjemne. Kiedyś wydawało mi się, że negatywne emocje świadczą o moim braku miłości do drugiego człowieka. I początkowo rzeczywiście tak było, ale w miarę upływu czasu emocje negatywne ustąpiły miejsca pozytywnym. Odkryłam, że odczuwam szacunek do partnera. Zrozumiałam, że gdybym przez cały czas, gdy partner swoim zachowaniem budził we mnie gniew i negatywne emocje, potrafiła świadomie dostrzegać jego wewnętrzną wartość, on odczułby mój szacunek i odwzajemnił go.

Emocje, których doświadczamy w relacjach z innymi ludźmi, bywają podobne do tych, które przeżywamy, szukając bliskości z Bogiem. Nawiązując z Nim relację, dążymy do tego, aby być z Nim tak blisko, jak z drugim człowiekiem. Chcemy Mu oddać samych siebie: nasze ciało, umysł i nasze uczucia; chcemy się przed nim odsłonić, pokazać, jacy jesteśmy naprawdę; podobnie też oddajemy się drugiemu człowiekowi, oczekując w zamian tego samego. Zdrowe relacje międzyludzkie opierają się na dawaniu i braniu; to samo dzieje się w relacjach z Bogiem, poprzez modlitwę i medytacje, a czasami poprzez objawienia.

Wstęp 13

Będąc w relacji z Bogiem, otrzymuję to, co jest mi w danej chwili potrzebne, nawet jeśli nie wiem, czego tak naprawdę potrzebuję. Dostaję mnóstwo darów, z których najważniejszym jest świadomość bycia bezwarunkowo kochaną. Kolejnym są wskazówki, jak powinnam, a jak nie powinnam postępować i co mi jest potrzebne. Bóg daje mi uczucie ukojenia i ulgi, zdejmując z moich barków wszelkie ciężary związane z życiem mieszkańca naszej planety. Kolejnym darem jest łaska, którą nazywam „błyskawicznym uzdrowieniem". Często zdarza mi się doświadczać emocji, takich jak gniew, strach lub wstyd, które są więcej niż niedoskonałe i które chciałabym pokonać. Łaska to nic innego jak przeżywanie obecności Boga, które pomaga mi zwalczać pokusę działania pod wpływem gniewu, strachu czy wstydu. Dzięki Jego pomocy nie biorę nawet takiej możliwości pod uwagę. Jestem spokojna.

Działania człowieka i Boga pozornie idą ze sobą w parze. Dopiero jednak gdy opisana w tej książce terapia uzdrawiająca pozwala nam poznać prawdę o sobie samych, ta prawda natomiast umożliwia nam budowanie zdrowych związków, przekonujemy się, że to właśnie pełne bliskości i prawdziwe relacje z innymi stanowią furtkę prowadzącą na duchową drogę. Krocząc nią, stajemy się godni licznych i dobrych bożych darów, z których największym jest miłość.

Jedną z podstawowych zasad programu Dwunastu Kroków, stanowiącego metodę terapii uzależnień, jest tak zwany program „My". Osoby dysfunkcjonalne, poszukujące spokoju i wewnętrznej równowagi wspólnie rozwiążą problemy, ucząc się od siebie nawzajem. Umiejętność uczenia się od innych i przekazywania swojej wiedzy drugiemu człowiekowi wiąże się z budowaniem wzajemnych relacji. A ponieważ u podstaw każdej zdrowej relacji leży poznanie samego siebie, pierwszym etapem mojej terapii jest poznanie prawdy; prawdy o fundamentalnych problemach odpowiedzialnych za dysfunkcjonalne zachowanie klienta. Bez poznania prawdy nie może być mowy o bliskości; unikając prawdy, wikłamy się w kłamstwa i zaczynamy się wzajemnie zwodzić. Bez bliskości natomiast nie jest możliwy udany związek. Kiedy partnerzy dzielą się prawdą o samym sobie, chroniąc się jednocześnie nawzajem za pomocą właściwie wytyczonych granic, w ich związku ma miejsce cud duchowości. Moja książka zawiera opis takiej podróży od prawdy do bliskości, od bliskości do związku i od związku do wspólnego przeżywania duchowości.

Spisanie wszystkiego, czego się dowiedziałam i czego doświadczyłam w dziedzinie dysfunkcjonalnych relacji oraz wychodzenia z toksycznych związków, zajęło mi dwadzieścia pięć lat. Wydarzenia, które zaprowadziły mnie na duchowe dno, miały źródło w doświadczeniach z dzieciństwa, ale na tamtym etapie mojego życia, gdy tak bardzo z ich powodu cierpiałam, nie miałam żadnego racjonalnego punktu zaczepienia, od którego mogłabym rozpocząć wędrówkę ku uzdrowieniu. Teraz wiem, że odkryłam swoją duchową drogę dzięki objawieniu; zrozumienie przyszło później. Kiedy zaczęłam nią kroczyć, sformułowałam zasady psychologii, która jest obecnie wykładana i z której korzystają nawet najbardziej cierpiący. Ja musiałam czekać, aż w moim życiu zdarzy się coś niewytłumaczalnego, ale Wy nie musicie. Chcę, żebyście osiągnęli cel szybciej niż ja, idąc o wiele bardziej przewidywalną drogą.

1

Duchowe odrodzenie

> *Lecz gdym tak szalał i w dzikim impecie*
> *Rzucał wyzwanie,*
> *Czyjś głos przemówił do mnie: „Dziecię!"*
> *I wyszeptałem: „Panie".*
> George Herbert, „Jarzmo"
> (przeł. Stanisław Barańczak)

Osoby przechodzące terapię za pomocą programu Dwunastu Kroków dowiadują się, że najbardziej szkodliwym skutkiem uzależnienia i związanych z nim problemów psychicznych jest duchowa izolacja. Człowiek taki ma wówczas wrażenie, że jest „chronicznie wyobcowany". Czuje, że w którąkolwiek stronę by się zwrócił, zawsze będzie sam we wrogim mu świecie, przed którym musi się bronić, uciekając się do kłamstw, wrogości lub po prostu się wycofując. Zachowuje się wówczas prowokacyjnie lub przeciwnie – brak mu pewności siebie, ale zawsze odczuwa wstyd. Egocentryzm sprawia, iż zdaje mu się, że „wszyscy na niego patrzą" i albo coś z tym zrobi, albo będzie cierpieć. Psychologowie nazywają takie zjawisko „egocentrycznym strachem". Wśród członków klubów Anonimowych Alkoholików (AA) popularne jest powiedzenie określające taką osobę jako „bezczelnego żebraka" albo „śmiecia, który twierdzi, że wokół niego kręci się cały wszechświat".

Podstawowym zadaniem, na którym się koncentrujemy, poczynając od pierwszego spotkania w klubie AA, jest próba uświadomienia ludziom łączących ich wzajemnych współzależności. Najlepszym znanym sposobem, aby tego dokonać i zbudować w klientach poczucie wspólnoty, jest wysłuchanie ich historii i opowiedzenie własnej. Chciałabym zatem podzielić się teraz z wami moją historią.

Kiedy byłam małym dzieckiem, mój ojciec został wysłany na front i matka musiała wychowywać mnie samotnie, co okazało się zadaniem ponad jej siły. Miewała załamania nerwowe, podczas których przesypiała poranki, pozostawiając wtedy mnie i moją siostrę samym sobie. Siostra bawiła się, podczas gdy ja płakałam w kojcu, głodna i nieprzewinięta, dopóki matka nie wstała. Gdzieś pomiędzy trzecim i czwartym rokiem życia zostałam seksualnie wykorzystana przez bandę wyrostków. Przemoc, której ofiarą padłam, odcisnęła trwałe piętno na mojej psychice. Przeżywając traumę w tak młodym wieku, nie znałam jeszcze słów, którymi mogłabym się bronić przed rozdzierającym bólem, jaki mi zadawano. Ten ból i wspomnienie ran odniesionych we wczesnym dzieciństwie przez wiele lat tkwiły w mojej podświadomości.

Kiedy miałam około siedmiu lat, zrozumiałam, że głównym zajęciem mojej matki są kłótnie z ojcem. Gdy jednak ja skarżyłam się na niego, zaprzeczała, jakoby zachowywał się niewłaściwie. Jej zdaniem żyłam w nierealnej – tak jak sugerowała – zmyślonej rzeczywistości. Jeśli chodzi o mojego ojca, w ogóle nie tolerował mojej obecności w domu i powtarzał mi to wielokrotnie bez żadnego skrępowania. Kiedy mnie nie poniżał, po prostu mnie ignorował. Czułam się nic niewarta, beznadziejna i zastraszona. Nie mogłam spać, dręczyły mnie koszmary.

Nie byłam już jednak tą pasywną, nieświadomą niczego dziewczynką, jaką jest dziecko w wieku trzech czy czterech lat. Wymyślałam więc rozmaite strategie, pozwalające mi przetrwać w mojej toksycznej rodzinie. Miałam już wystarczający zasób słów i dostatecznie rozbudzoną wyobraźnię, żeby jakoś sobie z tym poradzić. Kiedy rzeczywistość stawała się dla mnie nie do zniesienia, wymyślałam swój własny świat.

Moim ratunkiem okazała się cisza – zwyczajnie „znikałam". Spędzałam jak najwięcej czasu poza domem, nie informując rodziców o tym, co robię. Nie chciałam rzucać się w oczy. Byłam niepotrzebnym dzieckiem, co było o wiele gorsze, niż gdybym była

Duchowe odrodzenie

dzieckiem zagubionym. Rodzice dobrze wiedzieli, gdzie jestem – na nieszczęście dla mnie nie uwzględniali mnie w swoich życiowych planach.

Kiedy miałam około trzynastu lat, matka zaczęła głośno i nie szczędząc szczegółów, skarżyć się na to, jak okropnie i sadystycznie traktuje ją mój ojciec. Groziła mu rozwodem. Im bardziej się przede mną otwierała, tym bardziej bałam się o nią i o samą siebie. Przytłaczało mnie poczucie odpowiedzialności za nią, czułam, że moim obowiązkiem jest ją ocalić. Im częściej zwierzała się ze swoich problemów, tym częściej wydawała mi się bezradnym dzieckiem, ofiarą mojego ojca, a im bardziej przypominała mi dziecko, tym bardziej czułam się „dorosła" i „lepsza". Byłam też wściekła i zdezorientowana, ponieważ dobrze pamiętałam, jak moja matka reagowała, kiedy dawniej skarżyłam się na ojca – zaprzeczała, jakoby człowiek, któremu teraz sama zarzucała sadyzm, był czegokolwiek winien.

Mniej więcej w tym samym czasie weszłam w okres dojrzewania i z trudem radziłam sobie w kontaktach z nastoletnimi chłopcami. Odczuwałam wobec nich lęk i wstręt, nie zdając sobie sprawy z tego, że ich seksualność budzi we mnie ukryte wspomnienia molestowania, którego doświadczyłam w dzieciństwie. Dawne niezabliźnione rany oraz sztuczki, do których się uciekałam, aby o nich zapomnieć, wszystko to tkwiło we mnie – niestety niezbadane, nieleczone, nieustannie zatruwające i wypaczające moją psychikę.

Kiedy już jako dorosła kobieta zaczęłam po raz pierwszy zgłębiać problem przemocy wobec dzieci i studiować terapię osób, które takiej przemocy doświadczyły, odkryłam, że mężczyźni i kobiety, którzy są dla mnie ważni, mogą mi przypominać mojego ojca lub moją matkę; to zaś może powodować nawrót bolesnych wspomnień z dzieciństwa i czasu dorastania. Nie potrafiłam zbudować żadnego prawdziwego związku. Etapy życia, na których doświadczyłam przemocy, zdeterminowały powstanie różnych stanów mojego ego, z których każdy charakteryzował się czymś innym. Tkwiąca we mnie trzylatka była przerażona i bezradna; siedmiolatka – pogrążona w głębokiej depresji, przepełniona wstydem, przekonana o braku własnej wartości i bardzo samotna; trzynastolatka zaś – przestraszona, wściekła i zdezorientowana.

Kiedy moje rany były drażnione, każda z nich odzywała się innym głosem w moim umyśle. Każdy głos pochodził z tej części mojej psychiki, która na danym etapie najbardziej ucierpiała. Musiało minąć wiele lat pełnych cierpień i chaosu, zanim zdołałam świadomie powrócić pamięcią do moich traumatycznych przeżyć, dobrze się na nich skoncentrować i ostatecznie je zaakceptować.

W końcu nadszedł ten bolesny dzień. Siostra opowiedziała mi ze szczegółami o przemocy, jakiej doznałam jako małe dziecko. Wtedy po raz pierwszy rzeczywiście odczułam ten dawno zadany ból. To był ogromny szok dla mojej psychiki. Na oczach siostry pogrążyłam się na powrót w cierpieniu zranionego dziecka, nieumiejącego określić słowami, co czuje i co się z nim wtedy dzieje. Myśli i emocje wymknęły mi się spod kontroli. Miałam wrażenie, że wiruję wokół własnej osi i siła tego wirowania rozrywa mnie na kawałki. Położyłam się więc na podłodze i zwinęłam w kłębek, żeby powstrzymać to uczucie.

Jako dziecko rozpaczliwie starałam się być grzeczna, mając nadzieję, że wówczas przestanę czuć się nic niewarta. Bycie grzeczną było dla mnie jedyną obroną przed lękiem i cierpieniem. Doświadczyłam przemocy nie tylko fizycznej, lecz także psychicznej: rodzina traktowała mnie, jakbym była kimś niepotrzebnym i w końcu tak właśnie zaczęłam się czuć. Uważałam, że nigdzie nie pasuję. Jedyną ucieczką było zamknięcie się we własnym świecie – tylko tam byłam w stanie uwierzyć, że jestem godna miłości i opieki.

Niestety, moja strategia bycia grzeczną dziewczynką wymagała wmawiania sobie, że wszystko jest w porządku. Dzięki temu rodzice sądzili, że nie mam żadnych problemów, zaś moja umiejętność przystosowania się sprawiała, że jeszcze rzadziej mnie zauważali. A gdyby nawet zechcieli mnie wysłuchać, sami byli zbyt zaburzeni, aby zdołali mi pomóc.

Próbując osiągnąć doskonałość, odmawiałam sobie prawa do ludzkiej „doskonałej niedoskonałości". Byłam przekonana, że gdyby inni odkryli, jaka „naprawdę" jestem, uznaliby mnie za godną pożałowania. Miałam tak niską samoocenę, że ucieczka przed rzeczywistością była dla mnie jedynym sposobem unikania ataków wstydu. Ponieważ dążenie do doskonałości nie poprawiało mojego samopoczucia, zaczęłam szukać pocieszenia w różnych Kościołach. Moje próby nawiązania relacji z Bogiem okazały się jednak daremne i w wieku czternastu lat przestałam szukać ukojenia w religii. Winą za porażkę obarczałam siebie i swoje wewnętrzne braki; świadomość, że nie udało mi się znaleźć Boga, który by mnie naprawdę pocieszył, utwierdziła mnie w przekonaniu, że jestem nic niewarta.

Chociaż cierpiałam na skutek zaniżonej samooceny, starałam się żyć najlepiej, jak potrafiłam, cały czas dźwigając brzemię mojej dysfunkcjonalnej przeszłości niczym niewidzialny bagaż. W końcu, jak wielu ludzi nieumiejących samodzielnie rozwiązać swoich osobistych problemów i szukających kogoś, kto by ich „ocalił", wyszłam za mąż i wkrótce – co było zresztą do przewidzenia – odkryłam, że nikt, nawet mój mąż, nie może mi pomóc w tym, w czym sama nie potrafiłam sobie pomóc. Do nękających mnie problemów małżeńskich dołączyła pogłębiająca się depresja. Nie myślałam jeszcze wtedy o samobójstwie, ale byłam nieszczęśliwa. Uwierzyłam, że nie można mi pomóc, że jestem wariatką.

Było mi tak źle, że w rozpaczy zwróciłam się do teściowej. Mówiła o sobie, że jest ortodoksyjną chrześcijanką; ja odbierałam ją jako osobę kontrolującą swoje otoczenie, krytyczną i uważającą się za lepszą ode mnie. Mimo to poprosiłam ją, aby pomogła mi zwalczyć depresję. Pozwoliłam, by wciągnęła mnie w orbitę swojej głębokiej wiary i z jej pomocą zawierzyłam moje życie i wolę bożej opiece. Przyniosło mi to pewną ulgę, jednak depresja nadal mnie nie opuszczała.

Nie wierzyłam wówczas w Boga i nie sądzę, abym uwierzyła w niego pod wpływem religijnych doświadczeń z tamtego okresu. Stało się jednakże coś innego: ja, osoba niewierząca, znalazłam w sobie wystarczająco dużo wiary, ażeby wkroczyć na ścieżkę duchowego rozwoju. Najwyraźniej istnieje margines między całkowitym brakiem wiary a wiarą naprawdę głęboką i żeby otrzymać dar duchowego życia, wystarczy tylko zrozumieć ograniczenia narzucane nam przez naszą ludzką naturę.

Pomimo tych duchowych doświadczeń moje życie stawało się coraz bardziej nie do zniesienia, aż w końcu zapragnęłam je zakończyć. Wtedy właśnie przeżyłam objawienie. Niespodziewanie odczułam coś, co odebrałam jako obecność Boga. Miałam wrażenie, że otoczyła mnie niezwykła energia, która coś mi przekazuje – nie słyszałam głosu, odebrałam jedynie czysty, niczym niezakłócony przekaz. Owa energia uświadomiła mi, że jestem sparaliżowana przez strach i zatraciłam cenną umiejętność cieszenia się życiem; dlatego myślałam o samobójstwie.

Energia przekazała mi także, że jeśli tylko stawię czoło lękom i zrobię to, co muszę, a przed czym się wzbraniam, otrzymam wszelkie wsparcie oraz niezbędną pomoc, konieczne, aby znaleźć jakieś rozwiązanie i zmienić swoje życie. W chwili gdy zrozumiałam, że muszę uporać się z własnym strachem, poczułam coś niezwykłego: bezwarunkową miłość, płynącą ku mnie od Siły większej i o wiele potężniejszej ode mnie. Przeżywając tę miłość, po raz pierwszy w życiu poczułam, że kocham samą siebie. Ponieważ było to tak bardzo poruszające doświadczenie, uwierzyłam, że między mną a Bogiem istnieje relacja, że Bóg mnie kocha i na pewno będzie mnie wspierał. Zrobiłam więc to, co musiałam zrobić, i w trakcie tego procesu odnowy przestałam doszukiwać się w sobie przyczyn moich problemów, znalazłam zaś ich rozwiązanie.

Zostałam pielęgniarką w ośrodku leczenia uzależnień w Wickenburgu w stanie Arizona. Po pracy chodziłam na wykłady poświęcone uzależnieniom. Słuchając zwierzeń alkoholików, miałam wrażenie, że doskonale znają oni moje bolesne przeżycia. Zrozumiałam, że także jestem alkoholiczką.

Pogłębiałam swoją wiedzę i umacniałam się w przeczuciach dotyczących przyczyn mego alkoholizmu, a jednocześnie wciąż zmagałam się z psychicznymi problemami, których źródłem było moje dysfunkcjonalne dzieciństwo. Mimo że coraz lepiej rozumiałam problemy dręczące moich klientów, byłam bezradna wobec własnych.

Doskonale pamiętam moment, kiedy po raz pierwszy zdałam sobie z tego sprawę. Wysłuchałam akurat wykładu mojej przyjaciółki na temat istoty alkoholizmu. Pamiętam, że przyznałam się jej, iż jestem alkoholiczką; powiedziałam, że mam wszystkie opisywane przez nią objawy. Pamiętam też, co mi odpowiedziała: „No cóż, witaj w klubie". Zupełnie jakby przez cały czas znała prawdę i czekała, aż sama ją odkryję. Słysząc jej słowa, poczułam się tak, jakbym nareszcie wróciła do domu. Czułam radość i ból, płakałam z radości. Zupełnie jak gdyby moja psychika, czy też moja dusza, wreszcie mogła odpocząć. Poczułam, że właśnie odnalazłam moje miejsce – wspólnotę ludzi takich jak ja.

Zaangażowałam się w terapię alkoholików – poproszono mnie o pomoc w opracowaniu różnych **metod terapii uzależnień od substancji odurzających oraz terapii innych problemów psychologicznych.** Początkowo nie czułam się na siłach sprostać temu zadaniu. Czułam także złość, ponieważ byłam tylko pielęgniarką i uważałam, że takimi sprawami powinni się zajmować psychologowie, terapeuci i lekarze, a nie ja. Mój opór narastał, aż w pewnym momencie przeżyłam istotne objawienie podobne do tego, którego sama doświadczyłam, kiedy byłam bliska samobójstwa.

Usłyszałam, że mam wykonać powierzone mi zadanie, a jeśli będę potrzebować pomocy, otrzymam ją. Podczas medytacji zaczęłam dostawać wskazówki dotyczące dobrego rozwiązywania problemów moich klientów.

W końcu do kierownika naszego projektu dotarły informacje od personelu i klientów o moich nagłych wybuchach niecierpliwości i gniewu. Wystarczyła krytyczna uwaga, abym poczuła się nic niewarta; chcąc się bronić, uciekałam w agresję. Kilkakrotnie zdarzyło mi się rozmawiać z kierownikiem w sposób odbiegający od powszechnie przyjętych norm; on jednak nie tylko szczegółowo zanalizował moje dziwne zachowanie, lecz także głęboko się nim przejął i nalegał, abym coś w tej sprawie zrobiła. Był gotów dać mi tyle czasu, ile będę potrzebowała. Wierzył we mnie o wiele bardziej niż ja sama.

U swoich klientów wyraźnie dostrzegałam to, czemu sama nie potrafiłam stawić czoła. Wtedy też stopniowo zaczęłam rozumieć skomplikowaną strukturę problemów, leżących u podstaw dysfunkcjonalnej psychiki, która skrystalizowała się w dzieciństwie moich klientów i w moim własnym.

Trzon tej struktury stanowią pierwotne symptomy osiowe związane z *samooceną, wytyczaniem granic, obiektywną oceną rzeczywistości, umiejętnością troszczenia się o siebie oraz wyrażania swojej rzeczywistości z umiarem*. Zauważyłam, że w każdej z tych dziedzin dysfunkcjonalna osoba dorosła przejawiała zachowania ekstremalne.

Analizując na przykład kwestię samooceny, obserwowałam klientów miotających się pomiędzy przekonaniem, iż są bezwartościowi a poczuciem, że są „lepsi" od innych, pomiędzy nadmierną wrażliwością a pewnością, że nikt i nic ich nie zrani. Na przemian to obwiniali się, dochodząc do momentu, w którym zaczynali samych siebie nienawidzić, to pielęgnowali w sobie złudzenie własnej doskonałości, utwierdzając się w przekonaniu, że niczego im nie można zarzucić. Niektórzy klienci byli bardzo zależni i oczekiwali, że otoczenie będzie się nimi opiekować. Inni zaś sprawiali wrażenie od nikogo niezależnych, pozbawionych potrzeb i pragnień – ci z kolei odmawiali przyjęcia od kogokolwiek pomocy i nie umieli przyznać, że czegoś potrzebują. Niektórzy wycofywali się i nie chcieli rozmawiać o swoich problemach, inni wręcz przeciwnie – wylewali z siebie potoki słów i nie hamowali emocji. Bywali klienci dziecinni i niedojrzali, podczas gdy inni przejawiali sztywne cechy osobowości, sprawiali wrażenie nadmiernie dojrzałych i kontrolujących otoczenie.

Pamiętając, że we mnie samej tkwią podobne skrajności, rozmyślałam nad tym, jak to jest być leczonym przez osoby nieświadome ich przyczyn i – co było dla mnie szczególnie przykre – nieświadome tego, że same tym skrajnościom ulegają.

Problemy klientów były zawsze jawne i rozpoznawalne; ale jednocześnie podobne problemy nękały wielu pracowników medycznych ośrodka, choć nikt nie zwracał na ten fakt uwagi. Dysfunkcjonalne zachowania personelu były zazwyczaj dokładnym przeciwieństwem dysfunkcjonalnych zachowań klientów. Jeśli na przykład klient był w dołku (miał zaniżoną samoocenę), pracownik ośrodka podkreślał swoją nad nim wyższość (miał zawyżoną samoocenę). Jeśli klient cierpiał z powodu braku granic psychologicznych, pracownik budował wokół siebie mur (czuł się silny, niepodatny na zranienie). Jeśli klienta przepełniało poczucie własnej niedoskonałości, pracownik był wobec niego doskonały, nie miał żadnych potrzeb ani pragnień i kontrolował otoczenie (przejawiał sztywne cechy osobowości). Zgodnie z powszechnie wyznawanymi zasadami takie dysfunkcjonalne zachowania pracowników ośrodka uchodziły za objaw całkowicie zdrowej psychiki i świadczyły o tym, że są dobrymi terapeutami.

„Klienci neurotyczni" popadali w skrajności, utwierdzając się w przekonaniu, że są „gorsi" od innych: byli podatni na zranienie, nienawidzili też samych siebie, nie potrafili opisać swojej prywatnej rzeczywistości, nadmiernie uzależniali się od otoczenia, mieli wiele niezaspokojonych potrzeb, byli niedojrzali. Często nazywano ich „wariatami". Tymczasem opiekujący się nimi ludzie mieli te same problemy, poza tym że popadali w inną skrajność – czuli się „lepsi". Ich poczucie wyższości wynikało z zawyżonej samooceny; to, że czuli się już uodpornieni na cierpienie, było efektem ich problemów z wytyczaniem granic psychologicznych. Ale ten perfekcjonizm wiązał się z niewłaściwą oceną rzeczywistości, niezależność wynikała z zaburzonego instynktu samozachowawczego, a skłonność do kontrolowania innych brała się z braku umiaru. Zamiast wytyczać sobie granice, budowali tylko mur, co było spowodowane brakiem umiejętności wytyczania granic i budowania bliskich relacji.

Mając świadomość tego, że personel medyczny jest uwikłany w te same dysfunkcjonalne zachowania co klienci, przestałam odczuwać opór na myśl o podjęciu nauki pracy terapeuty. Zrozumiałam, że nie chciałam być „uzdrowicielem", ponieważ to właśnie „uzdrowiciele" poprzez swoje dysfunkcjonalne zachowania przysparzali klientom cierpień i, zaślepieni poczuciem własnej wyższości, nawet tego nie zauważali. Bogatsza o wiedzę na swój temat, płynącą ze zrozumienia symptomów osiowych, mogłam zostać terapeutą i autentycznie uzdrawiać.

Zdałam sobie sprawę z tego, że bez pełnej szacunku relacji pomiędzy klientem a terapeutą niemożliwa jest jakakolwiek zmiana i jakikolwiek rozwój tego pierwszego. Aby obaj mogli otwarcie dzielić się prawdą niezbędną w procesie skutecznej terapii, terapeuta nie może zwracać się do klienta z pozycji wyższości. Zarówno poczucie wyższości, jak i niższości nie jest odbiciem prawdziwego

„ja" ani terapeuty, ani jego klienta – to skutek ulegania głosowi naszej podświadomości, stan, którego przyczyną są doznane w dzieciństwie nadużycia.

Wiedza ta umożliwiła mi poznanie niezbędnych elementów prawdziwego związku dwojga ludzi. Tylko ludzie zdrowi potrafią nawiązywać zdrowe relacje z innymi. Powiedzenie „Lekarzu, lecz się sam" nagle wtedy nabrało dla mnie wielkiego znaczenia.

Przed drzwiami mojego gabinetu zaczęły ustawiać się kolejki. Nareszcie znaleźli kogoś, kto nie tylko ich rozumiał, ale – co może było nawet ważniejsze – był taki sam jak oni. Za każdym razem, gdy rozmawiałam z klientem jak równy z równym, sama również otrzymywałam pomoc.

Na myśl o swojej pracy czułam rozpierającą mnie energię, podniecenie i pasję. Były to emocje podobne do tych, jakich doświadczyłam, gdy uświadomiłam sobie, że jestem alkoholiczką – miałam wrażenie, że nareszcie wróciłam do domu.

Pasja, jaka mnie wtedy ogarnęła, sprawiła, że mój umysł otworzył się na medytację – mogłam spędzać wiele czasu, po prostu rozmyślając o naturze problemów moich klientów. Może się to wydać zabawne, ale najbardziej otwarty umysł miałam wówczas, kiedy odkurzałam. Przez moją głowę przelatywały wtedy tysiące pomysłów dotyczących istoty różnych schorzeń i metod ich leczenia. Zaczęłam je na bieżąco zapisywać, a później omawiałam je z klientami. Dzieliłam się z nimi tym, co sama odczuwałam, oni zaś fantastycznie reagowali, dziękując mi w ten sposób za to, że im pomogłam. Mówili, że sami mieli podobne przeżycia.

Nie chciałam być hipokrytką mówiącą ludziom, jak mają żyć, podczas gdy sama postępowałam inaczej. Zaczęłam więc stosować w praktyce rozwiązania, które przychodziły mi do głowy, i z czasem poczułam się o wiele lepiej. Stałam się zdrowsza. Za każdym razem, kiedy dzieliłam się z klientami swoimi doświadczeniami, reagowali coraz bardziej entuzjastycznie. W końcu kierownik projektu stwierdził, że zbyt wielu klientów chce się ze mną konsultować, i poprosił, żebym oficjalnie wzięła udział w programie terapeutycznym.

Czasami zdarzało mi się odczuwać dawny wewnętrzny opór. Słyszałam wtedy słowa: „Powiedziałem ci, żebyś robiła to, co do ciebie należy, i stawiła czoło swoim lękom". Podejmowałam się więc zadań, których dawniej bym się nie podjęła. Nigdy nie przypuszczałam, że potrafię i mogę robić to, co teraz robię. Z moich doświadczeń narodził się pomysł terapii, która pomogła już wielu ludziom.

Punktem wyjściowym było uświadomienie sobie istnienia takich zakątków naszej psychiki, w których jakiś głos próbuje pozbawić nas poczucia wartości. Kiedy już je zlokalizowałam, mogłam rozpocząć uzdrawiającą terapię. W czasie jej trwania coraz wyraźniej zarysowywała się przede mną moja duchowa droga. Otrzymałam pomoc, aby robić to, czego ode mnie oczekiwano, a czego – jak sądziłam – nie potrafiłam robić. Kontynuowałam więc swoją pracę i zawsze mogłam liczyć na wsparcie. Wciąż mogę na nie liczyć. To naprawdę niezwykłe.

2

Poczucie fałszywej wyższości i fałszywej niższości. „Lepsi" i „gorsi" od innych

> *Wzdyma się fala mętna od krwi, wszędzie wokół*
> *Zatapiając obrzędy dawnej niewinności; Najlepsi*
> *tracą wszelką wiarę, a w najgorszych kipi żarliwa*
> *i porywcza moc.*
> William Butler Yeats, „Drugie przyjście"
> (przeł. Stanisław Barańczak)

Nadużycia, jakich dzieci doświadczają ze strony rodziców, wywołują w nich bolesne poczucie wstydu, braku własnej wartości lub – przeciwnie – wyższości. Jeśli te psychiczne rany nie zostaną w porę zauważone i zaleczone, pozostają niezabliźnione i ich skutki odczuwamy w dorosłym życiu. Kiedy pod wpływem pewnych wydarzeń owe rany z dzieciństwa na nowo się otwierają, osoby dorosłe, które jako dzieci doświadczyły przemocy, podświadomie wracają do przeżyć sprzed lat i na nowo odczuwają wstyd lub poczucie wyższości, jakiego wówczas doznały; w rezultacie pod wpływem dawnych emocji reagują w sposób niedojrzały i dysfunkcjonalny.

Częstą przyczyną nieudanych relacji z innymi ludźmi są właśnie traumatyczne doświadczenia z dzieciństwa. Trudno je zlokalizować, bo latami próbujemy je ukryć, przystosowując się do dysfunkcjonalnej sytuacji, w jakiej się znaleźliśmy. Z czasem jednak owe techniki przystosowawcze wypierają nasze prawdziwe „ja".

U osób w takim stanie niemożliwe jest nawiązanie zdrowej, bliskiej relacji z drugą osobą. Prawdziwa bliskość wymaga zawierzenia swojego „ja" tej drugiej osobie i zaakceptowania tej osoby taką, jaką rzeczywiście jest.

Kiedy na przykład kolega z pracy przypomniał Kim, że zbliża się termin wywiązania się z przydzielonego jej zadania, Kim poczuła wstyd i chcąc to ukryć, zareagowała gniewem. Zaatakowała swojego kolegę, mówiąc, że nie trzeba jej o niczym przypominać i że wszystkim lepiej by się pracowało, gdyby zajął się własnymi sprawami. Podbudowała swoje ego, mówiąc sobie: „Nikt nie będzie ze mną zadzierał". Kolega trafił w jej czuły punkt: wiele lat wcześniej rodzice Kim wmówili jej, że nie spełnia ich oczekiwań. Kiedy współpracownik swoimi słowami rozjątrzył tę starą ranę, Kim zaatakowała go z pozycji skrzywdzonego dziecka.

Dzieci, które doznają przemocy, początkowo starają się do niej przystosować, aby przetrwać w dysfunkcjonalnym środowisku rodzinnym. Wierzą, że jedynie dopasowując się do oczekiwań rodziców, unikną cierpienia. Podtrzymywanie *status quo*, nawet jeśli jest to chore *status quo*, jest dla tych dzieci lepsze niż porzucenie czy utrata miejsca w rodzinie. Chcąc bronić się przed pierwotnym lękiem związanym właśnie z porzuceniem, są gotowe na wszystko – nawet na utratę kontaktu ze swoim prawdziwym „ja". Rozpaczliwie starają się unormować sytuację w dysfunkcjonalnej rodzinie, dopasowując się do niej i w ten sposób tracąc własną tożsamość. Z perspektywy dziecka przystosowanie się jest kwestią życia lub śmierci. Jest ono konieczne, ponieważ wymaga tego najpotężniejszy ze zwierzęcych instynktów: instynkt przetrwania.

Dla maltretowanego dziecka powiedzenie „kwestia życia lub śmierci" nie jest jedynie metaforą – to paląca rzeczywistość, którą rządzi ich instynkt przetrwania. Nie można mu się przeciwstawić, gdyż oprócz stanu łaski nic nie jest równie potężne. Dzieci instynktownie czują, że ich życie zależy od opieki rodziców. Mając do wyboru życie lub śmierć, uczą się znajdować miejsce w systemie zapewniającym im przeżycie, nawet jeśli z późniejszej perspektywy posunięcie to może się okazać przyczyną ich duchowego okaleczenia.

Ból wynikający z przekonania, że nie spełniamy oczekiwań najbliższych, pozostaje z nami na całe życie i osoby dorosłe, których dziecięce rany nie zostały zaleczone, odczuwają go równie dotkliwie jak wtedy, gdy po raz pierwszy wyrządzono im krzywdę. Takie osoby źle się czują we własnej skórze, są nieszczęśliwe, przerażone, wściekłe i mają żal do swoich współpracowników, kochanków oraz rodzin; poszukują nieustannie ukojenia i nadziei na lepsze życie.

Jeden z moich klientów o imieniu Max był odnoszącym sukcesy reżyserem filmów dokumentalnych. Znał biegle angielski, francuski oraz niemiecki i miał doktorat z nauk politycznych prestiżowego uniwersytetu europejskiego. Opowiedział mi kiedyś o swoim ojcu, który był bardzo inteligentnym człowiekiem i we wszystkim mu się powodziło. Max zwierzył mi się, że kiedy miał około siedmiu lat, zapytał babcię, czy może bawić się w pewną grę, kiedy rodziców nie będzie wieczorem w domu. Babcia odpowiedziała, że jego ojciec musi się na to zgodzić. Gdy Max poprosił ojca o zgodę, ten zdecydowanie odmówił. Mój klient wrócił wówczas do babci i skłamał, mówiąc, że ojciec się zgodził. Kiedy ojciec odkrył, że chłopiec okłamał babcię i zlekceważył zakaz, nakrzyczał na niego, a następnie podszedł do telefonu. Podniósł słuchawkę i udawał, że wykręca numer. Powiedział synowi, że dzwoni do zakładu poprawczego i poprosił do telefonu kierownika, po czym oświadczył, że ma w domu bardzo niegrzecznego chłopca i wspólnie z żoną postanowili oddać go do zakładu. Spakują go i wyślą do poprawczaka następnego dnia rano. Dodał, że nie chcą o nim słyszeć, dopóki nie nauczy się odpowiednio zachowywać.

Dorosły Max skarży się na brak pewności siebie w negocjacjach. Uważa, że za bardzo zależy mu na dobrej opinii strony przeciwnej. Obawia się, że jeśli będzie bronił swoich racji, przegra. Lęki ukrywa pod maską sztuczności i nudnej oficjalności lub też ulega im, prosząc o mniej, niż mu się należy.

Inna moja klientka, Maria, trzydziestokilkuletnia kobieta z bardzo zamożnej rodziny bankierów i artystów, powiedziała mi, że jej małżeństwo jest martwe. Jej mąż nigdy nie wyraża swoich prawdziwych uczuć. Jego stosunek do niej jest chłodny i ma na celu zachowanie pozorów. Kiedy Maria skarży się, że jest wobec niej emocjonalnie niedostępny, mąż w ogóle jej nie rozumie. Nie mogąc dzielić z nim swoich uczuć, Maria stała się jego gosposią i nianią ich dzieci. Wpadła w depresję, jest sfrustrowana i wściekła. Nienawidzi własnej bezradności. Wie, że powinna się rozwieść, nie jest jednak pewna, czy nie byłoby to równoznaczne z porzuceniem odpowiedzialności za swoje małżeństwo. Może to wszystko jej wina; gdyby tylko wiedziała, czego on tak naprawdę chce, może mogłaby mu to dać i wtedy wszystko wróciłoby do normy. Maria mówi chaotycznie – najpierw obwinia samą siebie, potem innych, przyjmuje jakiś punkt widzenia, by za chwilę go zakwestionować. Pod koniec sesji jej głos niknie i staje się niezrozumiałym szeptem. Maria sprawia wrażenie, jakby sama nie wierzyła w to, co mówi.

Zwierzyła mi się kiedyś, że jej ojciec, który urodził się w Ameryce Południowej, był głęboko przekonany o służebnej roli kobiet. Jako artysta miał do spełnienia misję, żona i dzieci istniały wyłącznie po to, by mu usługiwać i umożliwiać twórczą pracę. Podczas wspólnych posiłków górował nad innymi, nieświadom potrzeb mojej klientki i jej trzech młodszych sióstr. Matka Marii była całkowicie zdominowana przez męża. Rodzinne pieniądze i koneksje służyły jej do tego, aby zaspokajać wszystkie jego potrzeby; jego zaś największym pragnieniem było, aby zostawiono go w spokoju. Ignorował dzieci z wyjątkiem tych chwil, gdy celebrował wspólne posiłki; ignorował również żonę. Matka Marii przelała wszystkie swoje uczucia na moją klientkę. Była nadmiernie pobudzona, okazując emocje na prawo i lewo niczym szalona samarytanka. Pod pozorem matczynej czułości zwróciła się do córki, aby ta zrekompensowała jej brak miłości męża. Uczyniła z Marii kogoś będącego pewnym połączeniem służącej i zastępczego małżonka.

Maria stała się odpowiedzialna za życie towarzyskie rodziny; musiała wysłuchiwać skarg matki; opiekowała się siostrami, aby ją odciążyć i – co było dla niej najbardziej bolesne – musiała pośredniczyć pomiędzy pełną niezaspokojonych potrzeb matką a obojętnym ojcem. Nie miała własnego życia. Czerpała poczucie własnej wartości z faktu, że służyła matce. Czuła się naprawdę ważna i kochana tylko wtedy, gdy się poświęcała. Usidlona przez matkę, która we wszystkich sprawach polegała na całkowitym oddaniu córki,

Maria nauczyła się negować własne potrzeby. Obecnie miłość kojarzy jej się z całkowitym brakiem własnych potrzeb.

Po zamążpójściu pozostała ściśle związana z matką. Bez przerwy rozmawiała z nią przez telefon. Kiedy matka kupiła kamienicę w mieście, Maria i jej mąż wprowadzili się do mieszkania nad jej mieszkaniem. Teraz matka jest zawsze obok, kiedy trzeba popilnować dzieci czy coś załatwić; w zamian za to wymaga jednak od swojej córki rozmaitych przysług. Bardzo możliwe, że chłód, z jakim mąż Marii ją traktuje, jest podobny do chłodu, jaki on sam w niej wyczuwa, a którego przyczyną jest jej nadmierne przywiązanie do matki. Łącząca je niezwykle silna więź uniemożliwia prawdziwą bliskość między mężem a żoną. Ponieważ łatwiej jest winić męża niż relacje z matką, Maria sądzi, że rozwód rozwiąże jej problemy i umożliwi znalezienie prawdziwie bratniej duszy.

Kenneth, trzydziestoośmioletni odnoszący sukcesy architekt („Mam największy dom w mieście"), długo tłumił w sobie wspomnienia regularnego molestowania seksualnego przez starszą kuzynkę – molestowania, które trwało, dopóki nie skończył dwunastu lat. Ojciec Kennetha zginął w wypadku samochodowym. Od tamtej pory rodzina borykała się z problemami finansowymi. Jego matka sprawiała wrażenie, jakby w każdej chwili miała się załamać, dlatego już jako pięciolatek Kanneth brał na siebie tyle obowiązków, ile tylko mógł udźwignąć; wszystko po to, żeby pomóc matce. Bał się, że mógłby ją stracić; była jego jedynym oparciem. W końcu całkiem uwikłał się w jej sprawy, żyjąc po to, aby ona mogła żyć.

Jedynym szczęśliwym wspomnieniem z dzieciństwa Kennetha było wspomnienie starszej kuzynki, która odwiedzała ich trzy razy do roku. Dawała rodzinie pieniądze i jedzenie, zabierała ich na wakacje. Opowiadając o swojej kuzynce, Kenneth zaczął płakać. Z trudem łapał oddech. Przypomniał sobie, że kuzynka molestowała go seksualnie. Podejrzewał, że matka o tym wiedziała, i nie zrobiła nic, aby temu zapobiec. Kenneth zwierzył się, że dzisiaj za każdym razem, gdy znajdzie się w intymnej sytuacji z kobietą, tłumi swoje uczucia i wycofuje się w panice. Obecnie jest zakochany, ale gdy między nim a jego dziewczyną dochodzi do zbliżenia, wciąż występują u niego objawy dysocjacyjne[1]. Kenneth jest przekonany, że już do końca życia będzie samotny.

Powyższe przykłady pokazują szereg dysfunkcjonalnych zachowań, których źródłem są krzywdy doznane w dzieciństwie od rodziców lub opiekunów. Ich skutkiem są: przekonanie o braku własnej wartości, strach przed porzuceniem, niska samoocena, negacja własnych potrzeb i pragnień, duma z bycia „lepszym" od innych, ból bycia „gorszym" od innych i utożsamianie miłości z różnymi ograniczeniami. Wszystkie te problemy są bolączką naszych czasów, a jednocześnie podstawową przyczyną trudności w budowaniu i podtrzymywaniu prawdziwej bliskości.

Niektórzy boją się walczyć o swoje prawa. Inni cierpią, ponieważ nie potrafią zbudować bliskich relacji z własnymi dziećmi. Jeszcze inni mają wrażenie, że ich związki zawsze są „martwe", chociaż miały być oparte na miłości i bliskości. Nie potrafią kochać albo nie umieją być kochani. Niektóre osoby nie są w stanie hamować emocji i bez ograniczeń dają upust popędom seksualnym, wściekłości lub potrzebie sprawowania tyrańskiej kontroli nad otoczeniem oraz boją się zobowiązań, a wiele gardzi sobą lub czuje, że nic w życiu nie osiągnęło.

Dysfunkcjonalna osoba dorosła, będąca w związku z inną dysfunkcjonalną osobą dorosłą, na przemian broni się, atakuje. Każda ze stron czerpie swą „amunicję" z nieuświadomionych skutków przemocy, jakiej doświadczyła w dzieciństwie. Skrzywdzone „ja" automatycznie reaguje na wszystkie wydarzenia przypominające te z przeszłości i w ten sposób sprawia, że tracimy kontakt z teraźniejszością – zachowujemy się niczym więzień, proszący o miłość i wsparcie przez dźwiękoszczelną szybę.

Wielu z nas jest pod tak przemożnym wpływem dawnych traumatycznych przeżyć, że nie potrafi prawidłowo funkcjonować w sytuacjach stresowych. Nawet gdy uda nam się znaleźć sposób, by przez jakiś czas skutecznie tłumić swoje lęki (dzięki ćwiczeniom fizycznym, telewizji, objadaniu się lub podróżom), i tak

---

[1] Objawy dysocjacyjne – grupa psychogennych zaburzeń psychicznych, będących poza świadomą kontrolą chorego (przyp. tłum.).

nieustannie wdychamy toksyczne powietrze generującej ciągły stres cywilizacji. Jej szkodliwy wpływ polega przede wszystkim na niszczeniu naszej umiejętności bycia dojrzałymi i prawidłowo funkcjonującymi rodzicami.

Jednym z głównych czynników stresogennych jest w dzisiejszych czasach lawinowy napływ informacji. Ich ilość oraz prędkość, z jaką do nas docierają, sprawiają, że nasza pewność siebie zostaje podkopana. To samo dzieje się z wyznawanymi przez nas zasadami etycznymi, na których opiera się nasz rodzicielski autorytet. Każdego dnia opery mydlane serwują nam porcję cudzołóstwa, uzależnień, wściekłości i zazdrości. Gospodarze talk-show odkrywają przed nami tajemnice alkowy swoich gości: seks lesbijski nastolatek, przemoc na kempingach, zdrady i fetyszyzm. Muzyczne teledyski epatują seksem i nienawiścią do wszelkich autorytetów, gloryfikując młodzieńczy bunt i agresję. Pokazywane w porze największej oglądalności filmy animowane promują bohaterów będących karykaturami istot ludzkich, którzy kpią ze społecznych i rodzinnych norm postępowania, zacierając jednocześnie granicę między fantazją a rzeczywistością. Podczas imprez sportowych wszystko jest dozwolone, a zwariowane wyczyny przedstawia się jako rozrywkę dla każdego, nie mówiąc nic o związanym z nimi ryzyku okaleczeń lub nawet śmierci. Sporty ekstremalne to gloryfikowanie szalejących na motocyklach nastolatków i skręcających karki swoim przeciwnikom osiłków, a prowadzący tego typu programy zachęcają zawodników oraz widzów do podejmowania podobnego ryzyka we własnym życiu. Towarzyszące temu wszystkiemu reklamy przekonują, że kupując to czy tamto, zapewnimy sobie szczęście. Bylebyśmy tylko oglądali dalej. Bylebyśmy tylko więcej kupowali.

Wielu z nas nie potrafi nauczyć dzieci miłości i zaufania, ponieważ tak jak one, również my, rodzice, zostaliśmy wychowani w tej samej kulturze i tak samo też przez nią skażeni. Jesteśmy więc tacy sami jak nasze dzieci: tak naprawdę nigdy nie dorośliśmy. Dorośli czerpią informacje o świecie z sieci telewizyjnych. Najbardziej godnymi uwagi informacjami – z jednym wyjątkiem – są doniesienia o międzynarodowych konfliktach, kradzieżach oraz zawiedzionych oczekiwaniach społecznych. Wyjątkiem są informacje na temat oscarowych kreacji gwiazd. Jeśli pewnego wieczoru przegapicie wiadomości, nie martwcie się. Wystarczy włączyć telewizor następnego dnia. Zobaczycie dokładnie to samo.

Tradycyjny model rodziny, w którym ważną rolę odgrywali dziadkowie, dziś już właściwie nie istnieje. Tym samym znikło wsparcie, z jakiego korzystali wychowujący dzieci rodzice. Wysoki odsetek rozwodów oraz rosnąca liczba samotnych rodziców przyczyniają się do zanikania tradycyjnych autorytetów i wzorców postaw.

Najsilniej oddziałującym medium jest reklama, która niesie ukryte przesłanie następującej treści: będąc sobą, jesteśmy niewiele warci; aby pokryć braki, musimy ulec napastliwej niczym domokrążca reklamie i nabyć polecany produkt lub też usługę. Gdy wejdziemy już w posiadanie tego, co ma nas „ulepszyć", przekonujemy się, że „czary" nie zadziałały, a to zaś jeszcze bardziej nasila stres związany z naszą niską samooceną i sprawia, że jako rodzice nie potrafimy odnaleźć się w roli autorytetów. To naprawdę straszny widok: rodzic i dziecko, ubrani w taką samą, markową odzież sportową, oglądający te same programy telewizyjne i słuchający tych samych przebojów. Oboje zostali wykreowani przez taką samą konsumpcyjną kulturę. Na głowach mają identyczne czapeczki bejsbolowe, odwrócone daszkiem do tyłu, które można uznać za symbol wyznawanej przez nich odwróconej hierarchii wartości.

W Wickenburgu w stanie Arizona, gdzie mieszkam, nie widuje się nigdzie ludzi przesiadujących na gankach razem z przyjaciółmi. Mam wrażenie, że wszyscy pozamykali się w domach i siedzą przed telewizorami. Zawodnicy szkolnej drużyny koszykówki, jadący autobusem na mecz z miejscowym rywalem, siedzą wciśnięci w fotele i albo słuchają płyt kompaktowych, albo (ci bardziej zamożni) oglądają na przenośnych odtwarzaczach DVD pełne przemocy hollywoodzkie thrillery. Właściwie równie dobrze mogliby podróżować osobno. Krótko mówiąc, tym, czego brakuje w mojej okolicy i innych jej podobnych, jest poczucie wspólnoty, w ramach której sąsiedzi codziennie się ze sobą komunikują, zapewniając sobie wzajemną opiekę i emocjonalne wsparcie.

Z angielskim słowem *gossip* (plotka) wiąże się fascynująca historia, która jest dowodem na to, jak bardzo w dzisiejszych czasach izolujemy się od siebie nawzajem. W średniowiecznej Irlandii mężczyźni spędzali całe dnie, pracując w polu, a ponieważ wiele kobiet umierało podczas porodu i z powodu różnych chorób, często nie było komu zajmować się dziećmi. W związku z tym powszechnym zwyczajem stało się przekazywanie sobie informacji na temat najmłodszych członków społeczności. Gdy ktokolwiek z dorosłych widział w ciągu dnia czyjeś dziecko lub rozmawiał z nim, miał obowiązek natychmiast opowiedzieć o tym pozostałym mieszkańcom wioski. Taka ciągła troska o dzieci znana była jako *gossiping*: dorośli nieustannie kontrolowali wszystko, co działo się z ich pociechami. Dziś zaś granicę kontroli rodzicielskiej często wyznacza pytanie: „Dokąd idziesz?" i odpowiedź dziecka: „Do sklepu" albo po prostu: „Wychodzę". Jednocześnie słowo „plotka" nabrało pejoratywnego znaczenia i oznacza wtykanie nosa w nie swoje sprawy; w dzisiejszych czasach lepiej nie wiedzieć, co robi nasz sąsiad.

Pod wpływem mody na sensacyjne dziennikarstwo, szerzącej się za pośrednictwem internetu, telewizji, radia i prasy, zepsuciu uległo wiele instytucji, które zwykliśmy uważać za ostoje istotnych wartości etycznych. W dzisiejszych czasach liczą się przede wszystkim skandal i sensacja.

Osoby żyjące w ciągłym stresie szybko zdają sobie sprawę z tego, że obsesyjno-kompulsywne zażywanie narkotyków i alkoholu oraz uprawianie seksu może im przynieść ulgę. Do listy tej dodałabym jeszcze zakupoholizm, pracoholizm, skłonność do podejmowania niepotrzebnego ryzyka oraz objadanie się. Wszystkie powyższe czynności chwilowo redukują stres, by za chwilę stać się przyczyną poważnych problemów, które z kolei generują stres jeszcze silniejszy.

Ci z nas, którzy zawodowo zajmują się terapią uzależnień, wiedzą, że ludzie traktują swój nałóg niczym boga, który na pewien czas daje im ukojenie i zmniejsza męczące poczucie nieprzystosowania. Kiedy zdają sobie sprawę, że bóg ich zawiódł, zamiast całkowicie zerwać z uzależnieniem, wpadają w inny nałóg, który na nowo wprowadza w ich życie chaos i stres.

O wiele trudniej jest zauważyć i nazwać stres, który upośledza naszą zdolność budowania prawdziwych relacji i bycia dojrzałymi rodzicami, niż rzucające się w oczy dramatyczne i często nienormalne zachowania osób uzależnionych od substancji odurzających. Niestety, w dzisiejszym pełnym stresów świecie, w jakim wielu z nas próbuje wychowywać swoje dzieci, nieumyślnie narażamy je na traumatyczne doświadczenia i obarczamy ogromnym bagażem cierpień, które będą nieść przez całe życie.

Zestresowany rodzic może z dnia na dzień poczuć, że obowiązki wychowawcze najzwyczajniej go przerastają. Tacy rodzice są często zaskoczeni, zmartwieni, załamani czy wściekli, widząc efekty swego dysfunkcjonalnego rodzicielstwa, którego wad nie są świadomi. Bywa, że reagują wtedy niewłaściwie i popełniają jeden z błędów, których konsekwencji tak bardzo pragną uniknąć: wpędzają zatem swoje dziecko w poczucie fałszywej wyższości lub fałszywej niższości.

Przyczyną takich traumatycznych doświadczeń jest, będące skutkiem doznanych nadużyć, poczucie niższości lub poczucie fałszywej wyższości; to ostatnie, będąc fałszywym, jest równie destrukcyjne jak poczucie niższości. Stosujący przemoc rodzic albo zawstydza dziecko, każąc mu być cicho i tym samym, poniżając je, redukuje swój własny stres, albo też powierza dziecku zadania, za które sam powinien być odpowiedzialny, wywołując w nim w ten sposób poczucie fałszywej wyższości. Przykładem tej drugiej sytuacji może być zestresowana matka, która nie mogąc znieść kontaktów z agresywnym mężem, zwraca się do syna, domagając się od niego miłości i wmawiając mu, że jest jej jedynym oparciem.

Dzieci będące ofiarami poczucia fałszywej wyższości są często zmuszane do tego, by opiekowały się swoimi rodzicami. Powierzając dziecku „dorosłe" zadania, rodzice utwierdzają je w przekonaniu, że jest ważne, że ma nad nimi władzę. W rzeczywistości zaś odbierają mu dzieciństwo. Wśród dysfunkcjonalnych ról, jakie przydzielane są dzieciom, można wyróżnić role Małego Bohatera lub Bohaterki, Mediatora, Doradcy, Córeczki Tatusia, Ukochanego Synka Mamusi oraz Rodzinnej Maskotki, której rolą jest redukowanie stresu w rodzinie za pomocą poczucia humoru. Obarczone obowiązkiem opieki nad rodzicami dzieci przechodzą prawdziwą traumę: negują swoje „ja" i w rezultacie budują fałszywe poczucie własnej wartości. Poczucie fałszywej wyższości sprawia, że czują się „lepsze" od innych dzieci, dominujące w kontaktach z uzależnionymi od nich rodzicami.

Takie dzieci adaptują się do odgrywanej przez siebie roli kosztem dziecięcej spontaniczności i właściwej młodemu wiekowi autentyczności. Nieświadome wyrządzanej im krzywdy tracą kontakt z własnymi potrzebami. Chociaż instynktownie czują, że coś jest nie w porządku, pochwały, jakimi są nagradzane i pewność, że rodzice są z nich dumni, sprawiają, że dzieci te tkwią w złudnym przekonaniu o swej władzy. W takiej sytuacji zarówno dzieci, jak i ich rodzice przestają zauważać, co się tak naprawdę dzieje. Żyją więc cały czas w kłamstwie.

Dzieci przekonane o swojej wyższości budują poczucie własnej wartości na tym, co przychodzi z zewnątrz. Nikt im nigdy nie powiedział, czym jest wewnętrzna, wrodzona wartość człowieka. Ich poczucie własnej wartości jest ściśle związane z opiekowaniem się innymi. Można powiedzieć, że zamiast poczucia własnej wartości dzieci te budują w sobie poczucie „cudzej wartości", zależne od tego, jak oceniają je ich „podopieczni". Rola, jaką odgrywają, wymaga od nich zerwania z własną autentycznością i sprawia, że przestają kochać siebie.

Kiedy takie dzieci dorastają, budują związki, w których mogą odgrywać narzuconą im w dzieciństwie rolę, zapewniającą im poczucie fałszywej wyższości. Opiekując się innymi, czują się jak bogowie. Uważają, że zawsze muszą właściwie postępować i sprawiać wrażenie „dobrych". Osiągnięcie w życiu sukcesu wiąże się w ich przekonaniu z właściwym zachowaniem, które wyklucza wszelką spontaniczność. Nigdy nie dane im było być dziećmi i o ile się nie zmienią, o tyle nigdy nie poczują radości płynącej ze spontanicznych zachowań.

W końcu ich potrzeba dojrzałości staje się ciężarem i zaczynają odczuwać niechęć do swojej „boskiej" roli. Jest to jednak rola, z której bardzo trudno zrezygnować. Dawniej ich zachowanie spotykało się z pochwałami rodziców. Teraz dorośli przyjaciele i koledzy również ich chwalą, a oni bardzo potrzebują tych pochwał. Potrzebują ich od chwili, gdy wskutek postępowania rodziców odgrywanie pewnej roli stało się niezbędne, aby zapewnić im miejsce w rodzinnym systemie. Ci dawni Mali Bohaterowie i Małe Bohaterki są ostatnimi osobami, które poprosiłyby kogokolwiek o pomoc. Odrzucą każdego, kto będzie próbował im pomóc. Z czasem ogarnia ich poczucie pustki i znudzenia. Wtedy szukają czegoś, co pomoże im przezwyciężyć martwotę i często takim lekarstwem na nudę staje się ryzyko: sekretne romanse, sporty ekstremalne albo silne leki pobudzające. Z pozoru ich życie to same pochwały w pracy i dobre uczynki. Tymczasem głębiej tkwią rozpaczliwe i często niemoralne poszukiwania „dreszczyku"; gdyby wyszły na jaw, skończyłoby się to katastrofą.

Czasami dzieci, w których rozwijane jest poczucie fałszywej wyższości, są na tyle sprytne i życiowo doświadczone, aby dostrzec, że rodzice, którzy obdarzyli je fałszywą władzą, sami są ludźmi głęboko zaburzonymi. Wówczas rodzicielskie pochwały stają się dla nich czymś z gruntu nieprawdziwym. Takie dzieci zaczynają rozumieć, że władza, jaką zostały obdarzone, pochodzi z nieuprawnionego źródła. Odkrycie to wywołuje w nich olbrzymi wstyd i często sprawia, że czują się nic niewarte. Ta niska samoocena znika jednak wraz z powrotem do roli Małego Bohatera lub Małej Bohaterki. Z czasem, paradoksalnie, dzieci zaczynają czuć się nic niewartymi Bohaterami i Bohaterkami. Stymulowane poczuciem fałszywej wyższości często odnoszą sukcesy. Jednak wstyd płynący ze świadomości, że nie są godne zaszczytów, które je spotykają, powoduje, że nie potrafią cieszyć się ze swoich osiągnięć. Ich otoczeniu trudno jest je zawstydzić; nie potrafią jednak uciec przed poczuciem zinternalizowanego wstydu.

Z kolei dzieci cierpiące z powodu wywoływanego w nich poczucia niższości mogą być zawstydzane i poniżane przez rodziców w sposób jawny lub ukryty. Ukryte poniżanie ma miejsce wówczas, gdy dziecko jest zaniedbywane lub zostaje porzucone. Zestresowani rodzice, utwierdzeni przez życie w przekonaniu, że nie mają czasu na wychowywanie własnych dzieci, odwracają się od nich. Ich dzieci czują się wówczas niegodne miłości. Nie winią jednak za tę sytuację chorego postępowania rodziców, lecz własne „ogólne" braki. Rodzice nie muszą nic mówić; przesłanie, które dociera do dziecka, brzmi: „Jesteś nic niewarty – nie jesteś nawet godzien uwagi rodziców". Tym samym rodzice narzucają mu rolę Zagubionego Dziecka.

Dzieci, które były w ten sposób poniżane, w dorosłym życiu wybierają ucieczkę w świat fantazji, książek, filmów, samotności, izolacji. Przekonane o swoich defektach, zamykają się w sobie lub próbują wręcz „zniknąć". Miejsce ich prawdziwego „ja" zajmuje „ja" wymyślone, stworzone na potrzeby rodziców – „dobre ja", którym dziecko pragnie zwrócić na siebie ich uwagę. To „dobre ja" często przybiera też postać perfekcjonizmu. Starając się osiągnąć doskonałość, dzieci budują poczucie własnej wartości, a jednocześnie cały czas paraliżuje je wiara, że są bezwartościowe. Zagubiwszy swoje prawdziwe „ja", stały się nieszczęśliwymi istotami, przekonanymi o swej niedoskonałości, którą przez całe życie będą próbowały ukrywać przed otoczeniem.

O otwartym poniżaniu i zawstydzaniu możemy mówić wówczas, gdy dziecko jest w jawny sposób krytykowane, gdy słyszy, że jest głupie i do niczego się nie nadaje. Rodzice wmawiają mu, że jest wyjątkowo złe, narzucając w ten sposób rolę rodzinnego Kozła Ofiarnego. Dziecko ściąga wówczas wszystkie złe myśli i emocje, do których jego rodzice nie chcą się przyznać. Paradoksalnie, chcąc mieć poczucie więzi z rodziną, powtarza ono zachowania, które ściągają nań krytykę rodziców, nawet jeśli wiąże się to z dalszym poniżaniem. Słysząc zarzut, że jest złe, dziecko czerpie poczucie fałszywej wyższości z określenia „wyjątkowo", a jednocześnie cierpi ono z powodu określenia „złe". Jako dorośli Kozły Ofiarne budują poczucie własnej wartości, zachowując się w sposób naganny, a następnie cierpiąc z powodu wstydu, jaki wywołują w nich ci, których swoim zachowaniem obrazili.

W każdym przypadku dziecięcej traumy – czy będzie ona związana z poczuciem fałszywej wyższości czy też niższości, a może z jednym i drugim jednocześnie – zniszczeniu ulega prawdziwe „ja" dziecka. Narzucając swoim dzieciom fałszywe role, dysfunkcjonalni rodzice uniemożliwiają im poznanie własnej wewnętrznej wartości i pozbawiają je też szansy na nauczenie się szacunku do samego siebie.

W zależności od rodzaju doznanych w dzieciństwie nadużyć, zaniedbane lub porzucone dzieci stają się Zagubionymi Dziećmi; te, które wpędzano w poczucie fałszywej wyższości, odgrywają role Małych Bohaterów i Bohaterek; te zaś, które doświadczały ukrytej agresji lub były poniżane, stają się Kozłami Ofiarnymi. Powyższe role wymagają właściwych technik przystosowawczych, które są używane również później w dorosłym życiu; osoby, które w dzieciństwie były ofiarą jakiejś formy przemocy, jako dorośli przybierają maski i zmagają się z egocentrycznymi lękami oraz z bólem nieudanych związków oraz dotkliwym brakiem bliskości.

Jeśli nauczymy się rozpoznawać w sobie echa dawnych ran odzywające się pod wpływem relacji z otoczeniem i zaczniemy się im przeciwstawiać, możemy na powrót odzyskać nasze prawdziwe „ja" i żyć bardziej dojrzale. Tylko wtedy mamy szansę na udany związek i dar autentycznej bliskości.

3

Doskonała niedoskonałość – wewnętrzne dziecko

*I nie w zupełnym obnażeniu –
Ze smugą chwały biegnie nasza droga
Z domu naszego, od Boga.
W dzieciństwie – wszędzie wokół nas – niebiosa!*
William Wordsworth, „Oda o przeczuciach
nieśmiertelności czerpanych ze wspomnień
o wczesnym dzieciństwie"
(przeł. Zygmunt Kubiak)

W swoim życiu zawodowym nieustannie spotykam się z cierpieniem i ludzkimi tragediami; cierpienie i tragiczne przeżycia naznaczyły również moje dzieciństwo. Jestem jednak przekonana, że te bolesne doświadczenia są konsekwencją utraty tego, co otrzymaliśmy w chwili narodzin; religia nazwałaby to „wygnaniem z raju".

Pomimo wszystkiego, co wiem na temat przemocy wobec dzieci i cierpień płynących z niespełnionego dzieciństwa, nie mam poczucia tragizmu ludzkiego losu. Wręcz przeciwnie, przekonałam się, że ludzie zdrowi i szczęśliwi nieustannie czerpią z życia radość, i jestem pewna, że ta radość jest naszym przyrodzonym darem. Wierzę, że człowiek może odzyskać to radosne poczucie spełnienia, że może się ponownie narodzić. Możemy tego doświadczyć jako dorośli, ucząc się na nowo odkrywać swoją wewnętrzną wartość. Można tego dokonać w uporządkowany i racjonalny sposób.

W swojej klasycznej książce *Dramat udanego dziecka* psychoterapeutka Alice Miller pisze, że użyte w tytule określenie *udane dziecko* „nie odnosi się ani do dzieci, otrzymujących w szkole najlepsze oceny, ani do tych, które przejawiają jakieś szczególne talenty. Określenie to odnosi się do tych z nas, którzy przetrwali dysfunkcjonalne dzieciństwo dzięki umiejętności przystosowania się do najtrudniejszych warunków i znieczulenia na doznawane krzywdy. (...) Bez tego «talentu», w który wyposażyła nas natura, nie przeżylibyśmy".

Tak jak żaden rodzic nie jest doskonały, tak i żadne dziecko nie jest doskonałe; aby wyjść z dzieciństwa ze zdrową psychiką, trzeba wyleczyć się nie tylko z opisywanej przez Alice Miller znieczulicy, lecz także z dotkliwego poczucia nieprzystosowania. Rany, które nam zadano, muszą się zabliźnić. Być może zabrzmi to paradoksalnie, ale jedynym sposobem odzyskania naszej niewinności jest reedukacja; uświadamiając sobie swoją wewnętrzną wartość, uczymy się też akceptować naszą doskonałą niedoskonałość.

Świadomość doskonałej niedoskonałości ludzkiej natury jest podstawą duchowości, która prowadzi do uzdrowienia. Ludzie mają swoje ograniczenia, lecz ograniczenia te nie mogą być uważane za wadę; to po prostu część prawdy o tym, kim jesteśmy. Gdy nienawidzimy samych siebie z powodu swoich ograniczeń, tracimy kontakt z podstawową duchową prawdą dotyczącą naszej natury: jesteśmy niedoskonali i nie ma w tym nic złego.

Istnieje coś takiego, jak nasze prawdziwe „ja". Przychodzimy z nim na świat, jednak na skutek niedojrzałych metod wychowawczych tracimy z nim kontakt. Jako dzieci jesteśmy kształtowani przez niedojrzałych rodziców, którzy sprawiają, że zaczynamy wstydzić się siebie. Ten wstyd staje się nierozerwalnie związany z przeżywaniem naszego prawdziwego „ja". Kiedy jesteśmy sobą, odczuwamy głęboki wstyd i czujemy się bezwartościowi. Spontaniczność nas przeraża; wywołuje w nas ataki wstydu i zaniża naszą samoocenę. Zamykamy się wówczas w sobie i izolujemy od innych. W miarę upływu lat zaczynamy coraz bardziej kontrolować to, co mówimy i co robimy. Tracimy kontakt ze swoim prawdziwym „ja". Uzdrowienie polega właśnie na tym, aby na nowo odkryć w sobie owo autentyczne „ja". Grecka etymologia słowa „autentyczny" jest bliska mojemu własnemu rozumieniu koncepcji „prawdziwego ja". *Authentikos* pochodzi od słowa *authentes*, które znaczy „autor". Przeciwieństwem przymiotnika „autentyczny" jest przymiotnik „fałszywy".

Można wyróżnić pięć podstawowych atrybutów autentycznego wewnętrznego dziecka, które niczym szprychy w kole roweru koncentrują się wokół pojęcia wewnętrznej wartości. Atrybuty wewnętrznego dziecka to: *wrażliwość, wrodzony zdrowy rozsądek, zależność, zdrowa niedojrzałość* oraz *wybujała energia*. Dojrzały, szanujący siebie rodzic potrafi tak pokierować dzieckiem, aby nauczyło się ono wyrażać kolejno wszystkie te cechy i rozwijać je w sobie. Taki rodzic pomaga dziecku wytyczać granice psychologiczne. Granice te stanowią coś w rodzaju psychologicznych stacji przekaźnikowych, poprzez które emitujemy prawdę o nas samych i odbieramy informacje płynące ku nam od osoby, z którą jesteśmy w związku. Kiedy nasze granice funkcjonują właściwie, potrafimy w pełen szacunku sposób komunikować się z drugim człowiekiem, przekazując mu prawdę na temat naszych uczuć i myśli oraz weryfikując kierowane ku nam słowa i zachowania w zgodzie z tym, co sami w swoim sercu i umyśle uważamy za prawdziwe. Wytyczanie zdrowych granic psychologicznych odbywa się w oparciu o poszanowanie samego siebie oraz o poczucie wewnętrznej wartości, które powinni wykształcić w nas właśnie odpowiedzialni rodzice. Tematem granic psychologicznych zajmę się szczegółowo w rozdziale dziewiątym.

Budowanie poczucia wewnętrznej wartości bywa często sabotowane przez zestresowanych rodziców, którzy koncentrując się szczególnie na zaspokajaniu własnych potrzeb, karcą dzieci, gdy te starają się wyrażać swoje prawdziwe „ja". Karząc je za zachowanie zgodne z ludzką naturą, sprawiają, że dzieci przestają być sobą.

Wyobraźmy sobie agresję, z jaką może się spotkać cecha *wybujałej energii*. Zestresowany rodzic, zirytowany nadmierną energią i ciekawością dziecka, zawstydza je i każe mu być cicho. Dziecko odbiera to jako sygnał mówiący, że energia i ciekawość to coś nagannego. Zachowanie rodzica implikuje, że ulegając swojej naturze, dziecko wyrządza opiekunowi krzywdę. Jednocześnie dziecko uczy się, że wyrażanie swojego prawdziwego „ja" jest wadą i zasługuje na karę; staje się to dla niego silnym impulsem, aby zacząć się „ukrywać". Paradoksalnie jednym ze sposobów ukrycia się przed otoczeniem jest osiągnięcie „doskonałości": dziecko rozpaczliwie próbuje się zorientować, czego rodzice od niego oczekują i dopasowuje zachowania do ich wymagań. W rezultacie pod maską doskonałości dziecko ukrywa swoje stłamszone „ja".

Dojrzali rodzice doceniają wartość energii i ciekawości swoich dzieci, potrafią im jednak wytłumaczyć, że mogą być one męczące dla innych. Rozpierająca dziecko energia jest czymś normalnym, ale czasami należy ją powstrzymywać dla dobra otoczenia, aby nie naruszać niczyich granic. Dojrzali rodzice uczą dzieci, czym są zdrowe relacje, co pozwala im rozwijać nie tylko świadomość własnego „ja", ale także świadomość funkcjonowania tego „ja" *w związkach z innymi ludźmi*.

Zastanówmy się teraz, co się stanie, gdy dysfunkcjonalni rodzice zlekceważą kolejny atrybut wewnętrznego dziecka, jakim jest jego *wrażliwość*. Dziecko nie jest wystarczająco silne fizycznie ani psychicznie, aby samodzielnie się bronić. Jeśli w wyniku zaniedbania lub czynnej agresji rodzice nie zapewnią mu właściwej ochrony, dziecko nauczy się, że życie jest niebezpieczne, a strach jak najbardziej usprawiedliwiony. Rozwinie w sobie własny system obronny, który będzie je chronił przed zagrożeniami pochodzącymi z zewnętrz. Ponieważ obrona będzie mu niezbędna, aby przeżyć, dziecko zacznie wytyczać wokół siebie granice w formie murów, którymi odgrodzi się od innych ludzi. Uwierzy, że jeśli kompletnie się od nich nie odizoluje, zostanie skrzywdzone, a może nawet unicestwione. Budowanie wokół siebie murów nie sprzyja bliskości i nawiązywaniu zdrowych relacji, nawet jeżeli poprzez pozory uprzejmości dziecko będzie sprawiać wrażenie, że stara się nawiązać kontakt z otoczeniem.

Chciałabym w tym miejscu zaznaczyć, że kiedy używam określenia „granice", mam na myśli stosowanie dojrzałej i funkcjonalnej obrony psychologicznej, dzięki której wyrażamy i chronimy nasze prawdziwe „ja" w relacjach z drugim człowiekiem. W tym sensie wytyczanie granic jest zjawiskiem jak najbardziej pozytywnym. Granice psychologiczne spełniają rolę filtrów przepuszczających tylko to, co jest dobre dla zdrowia psychicznego i naszego poczucia własnej wartości. Z wytyczaniem granic mogą się wiązać dwa problemy: albo granice w ogóle nie są wytyczane, co narusza integralność naszego prawdziwego „ja", albo też przybierają postać murów, przez które nic się nie przedostaje. Bez wymiany informacji niemożliwy jest związek dwojga ludzi. Pamiętając o tym, można śmiało stwierdzić, że zamiana granic na mury jest działaniem dysfunkcjonalnym.

Jednym z murów, jakie możemy wokół siebie zbudować, jest mur strachu. W kontaktach z innymi dziecko stara się zachowywać znaczny dystans; zdążyło się bowiem nauczyć, że konsekwencją bliskości bywa zranienie. Winę za taką reakcję ponoszą rodzice, którzy nie chronili dziecka przed agresywnym otoczeniem. Najczęściej źródłem agresji było jedno z rodziców, na przykład rodzic furiat. Padając ofiarą ataków jego wściekłości, dziecko przekonuje się, że gdy tylko spróbuje zbliżyć się do rodzica, zostanie skrzywdzone. Aby przetrwać, próbuje zdystansować się od źródła zagrożenia: nie słucha, nie odzywa się, stara się być jak najdalej. Uczy się, że bliskość w kontaktach z innymi grozi unicestwieniem.

Jednocześnie przez nikogo niechronione dziecko zaczyna rozumieć, że granice psychologiczne mogą się stać murami obronnymi albo że może ich w ogóle nie być. W przypadku wybuchowego rodzica dziecko uczy się, czym jest pozbawiona granic wściekłość, i poznaje mechanizmy agresywnego zachowania. Tym samym przejmuje dwie dysfunkcjonalne umiejętności: dystansowania się za pomocą budowanych wokół siebie murów oraz naśladowania pozbawionych granic agresywnych zachowań. Przeżywając silne emocje, takie dziecko traci naturalne zahamowania i reaguje w sposób naruszający granice psychologiczne innych osób. Samo staje się furiatem, odstraszając w ten sposób ludzi i izolując się przed ich bliskością równie skutecznie jak dawniej za pomocą budowanych wokół siebie murów.

Przeanalizujmy etapy rozwoju innej cechy wewnętrznego dziecka, jaką jest *zależność*. Początkowo dziecko we wszystkim jest zależne od swoich rodziców – nie przeżyłoby bez ich opieki. Stopniowo jednak rodzice uczą swoją pociechę samodzielności. Zaspokajając podstawowe potrzeby zależnego od siebie dziecka, odpowiedzialni, dojrzali rodzice starają się robić to w taki sposób, aby nie wyrządzić mu krzywdy. Niemowlę i małe dziecko wymagają nieustannej opieki. Rodzice natychmiast reagują na płacz dziecka, podnoszą je, żeby sprawdzić, co mu dolega: czy jest głodne, czy nie jest mu za gorąco i tak dalej. Rolą rodzica jest zaspokajanie bieżących potrzeb maleństwa i zapewnienie mu dobrego samopoczucia. Okazując mu troskę i opiekę, rodzice dają mu do zrozumienia, że jest ważne i ma swoją wartość. W miarę jak dziecko dorasta, odpowiedzialni, dojrzali rodzice uczą je samodzielnego zaspokajania potrzeb. Kiedy maluch opanuje podstawowe umiejętności, rodzice przenoszą na niego odpowiedzialność za ich wykonanie, nie rezygnując jednak ze stałego nadzoru nad dzieckiem. W ten sposób uczy się ono samodzielności, a jednocześnie utrwala w sobie przekonanie, że nie ma nic złego ani wstydliwego w proszeniu o pomoc. Wie, że bez poczucia winy może szukać w innych oparcia i że je otrzyma. Tym samym rodzice dają mu bardzo istotną lekcję współzależności, która jest właśnie podstawą każdego dojrzałego związku.

W miarę jak dziecko dojrzewa, rodzice wymagają od niego coraz większej samodzielności i zlecają mu różne zadania dotyczące całej rodziny, takie jak zmywanie naczyń czy koszenie trawnika. Dziecko uczy się bycia odpowiedzialnym w kontaktach z innymi, co jest formą nauki współzależności; to ważna umiejętność, jeśli chodzi o relacje międzyludzkie. Dojrzali rodzice wpajają mu przekonanie o własnej wartości; uczą je samodzielności, mówiąc jednocześnie, że nie ma nic złego w proszeniu innych o pomoc; wreszcie uczą je odpowiedzialności w kontaktach z innymi ludźmi.

Jeśli chodzi o bycie odpowiedzialnym i pomaganie innym, dojrzały rodzic nie wymaga zbyt wiele od dziecka, aby nie miało ono wrażenia, że musi opiekować się swoimi bliskimi. W ten sposób dziecko uczy się, że należy pozwolić innym osobom na samodzielność i nie stara się gorliwie przejmować cudzych obowiązków.

Jeśli rodzice są niedojrzali i nie potrafią poradzić sobie z zależnością swojego dziecka, odwracają się od niego i przestają się nim zajmować lub zapewniają mu jedynie minimalną opiekę. Są zajęci własnymi sprawami; wciągają ich interesy, sport, plotki, seks lub rozmaite nałogi, paraliżuje stres. Potrzeby dziecka nie są zaspokajane. Dziecko pragnie i potrzebuje jakiejś pomocy, lecz otrzymuje ją w niewystarczającym stopniu, lub – w przypadku porzucenia – nie otrzymuje jej w ogóle.

Utrwala się w nim wówczas przekonanie, że nie jest godne tego, aby się nim opiekowano. Wina oczywiście leży po stronie rodzica, a nie dziecka, bowiem dzieci z natury są egocentryczne, automatycznie tłumaczą brak zainteresowania rodziców swoimi wadami. Wierzą, że nie zasługują na to, aby się nimi opiekowano. Ciekawe, że przenosząc na siebie odpowiedzialność za jakieś zaniedbania rodziców, dziecko zdobywa naprawdę złudne poczucie kontroli nad całą sytuacją i redukuje swój strach.

W takiej sytuacji nie tylko nabiera pewności, że coś jest z nim nie w porządku, ale jednocześnie przeżywa ból i strach, które wyrabiają w nim przekonanie, że nie potrafi samo o siebie zadbać. Takie dziecko wchodzi w dorosłe życie, wierząc w kłamstwo, które czyni je przesadnie zależnym od innych. Jako osoba dorosła będzie szukać opieki i wsparcia przede wszystkim w drugim człowieku.

Ludzie, z którymi taka osoba zechce zbudować relacje, będą ją odbierać jako kogoś o wygórowanych potrzebach, podobnego pod tym względem do małego dziecka. Ponieważ ludzie dorośli szukają raczej kontaktów z innymi dorosłymi, przesadnie zależna osoba zawiedzie każdego, kto będzie od niej oczekiwał samodzielności i odpowiedzialności za własne postępowanie. Jej partnerom nie spodoba się fakt, że muszą się nią opiekować, i w efekcie odsuną się od niej. Ich odejście tylko utrwali w niej przekonanie, że coś z nią jest nie tak – że wskutek jakiejś ułomności nie zasługuje na miłość.

Innym błędem, popełnianym przez niedojrzałych rodziców, a związanym z naturalną zależnością dziecka, jest pozorne zaspokajanie jego potrzeb i jednoczesne oczekiwanie, że to ono będzie się nimi opiekować. Wykorzystywane w ten sposób dziecko uczy się, że jego obowiązkiem jest zajmowanie się innymi. Opiekowanie się rodzicami pozbawia je energii i sprawia, że traci zdolność zaspokajania własnych potrzeb.

Na przykład porzucona przez męża matka nakłada na najstarszą córkę obowiązek opieki nad młodszym rodzeństwem. Sama potrzebuje czasu, aby na nowo odnaleźć swoje miejsce w świecie i zająć się zaspokajaniem własnych potrzeb. Tymczasem jej córka poświęca energię na matkowanie młodszemu rodzeństwu oraz emocjonalne wspieranie matki i w rezultacie zostaje pozbawiona dzieciństwa. Uczy się, że bliski związek z drugą osobą jest czymś męczącym. Nie ma czasu, aby skoncentrować się na swoich sprawach.

Takie dziecko wyrasta na osobę, która nie potrafi troszczyć się o siebie – nauczyło się bowiem, że nie ma prawa oczekiwać, aby inni zaspokajali jego potrzeby. Staje się „antyzależne". Nawet zaspokajając pewne swoje pragnienia i potrzeby, osoba taka będzie się koncentrować przede wszystkim na potrzebach otoczenia, stając się opiekunem innych osób i zaniedbując siebie.

Ludzie niepotrafiący zaspokajać własnych potrzeb i całkowicie angażujący się w życie innych nie umieją budować zdrowych relacji z otoczeniem. Negując własne potrzeby, sprawiają, że ich partnerzy nie mogą być współzależni: uniemożliwiają im dawanie i branie. Niewolnicza postawa osób pozbawionych potrzeb i pragnień sprawia wrażenie, jakby zobojętniały one na wszystko, co je otacza. Osoby takie są często nielubiane, mimo swojej chęci pomagania innym. Ich partnerzy czują się manipulowani; czują, że muszą zaspokajać ich niewyrażone potrzeby. Biorąc, odczuwają konieczność odwdzięczenia się, a jednocześnie podświadomie mają wrażenie, że wszystko, co otrzymują, jest im ofiarowywane pod przymusem.

Kolejnym atrybutem wewnętrznego dziecka jest *wrodzony zdrowy rozsądek*, czyli innymi słowy dana nam przy narodzinach umiejętność rozpoznawania prawdy. Wszystkie dzieci mają w sobie to ziarno lub okruch rozsądku – to, co greccy filozofowie nazywali *logos*. Ich umysły, właściwie stymulowane, uczą się odróżniać prawdę od fałszu, informacje istotne od nieistotnych oraz analizować, co składa się zarówno na sukces, jak i porażkę w codziennym życiu.

Kiedy dziecko zaczyna dążyć do określenia prawdy, niedojrzali rodzice mogą odczuwać dyskomfort. Widząc na przykład ojca leżącego twarzą w dół na podłodze w salonie i cuchnącego alkoholem, z butelką whisky u boku, dziecko biegnie do matki i mówi jej, że tatuś stracił przytomność. Pyta, czy jest pijany. Zakłopotana matka odpowiada, że tatuś nie jest pijany – po prostu się zdrzemnął.

Pozbywa się dziecka z domu, mówiąc, żeby wyszło się pobawić. Z czasem, jeśli sytuacje, w których prawda jest negowana, powtarzają się regularnie, dziecko zaczyna wątpić we własną umiejętność postrzegania świata. Będąc z natury skoncentrowane na sobie, utwierdza się w przekonaniu, że nie potrafi stwierdzić, co jest prawdziwe, a co nie. Dorastając, ma coraz większe problemy z określaniem rzeczywistości. Już jako dorosły człowiek, oceniając sytuację, zawsze będzie brać pod uwagę zdanie innych ludzi, wierząc, że rację mają oni, a jego odczucia są fałszywe. Natomiast zawsze będzie podawać w wątpliwość własne zdolności percepcyjne.

Ludzie, którzy wątpią we własne odczucia, nigdy nie będą szczerzy w kontaktach z partnerem. Będą go wiecznie obserwować, starając się dostosować do tego, co partner uważa za prawdziwe. Ich ulubiona odpowiedź brzmi: „Nie, to ty powiedz mi, co o tym sądzisz". Stają się kimś, kto – jak im się wydaje – spełni oczekiwania partnera. Nigdy nie odkrywają w związku swego prawdziwego „ja" i w rezultacie partner zaczyna się czuć izolowany. Jego poczucie osamotnienia jest jak najbardziej uzasadnione, ponieważ obok nie ma nikogo, kto byłby autentyczny i mógłby mu zaoferować szczere relacje.

Błędem, jaki popełniają rodzice w odniesieniu do dziecięcego zdrowego rozsądku, jest lekceważenie i niekorygowanie mylnych spostrzeżeń dziecka. Chodzi o to, że rodzic nie stawia przed dzieckiem wyzwań i nie uczy go konstruktywnego myślenia. Wyobraźmy sobie następującą sytuację: dziecko mówi matce, że nienawidzi chodzić do szkoły, ponieważ jego nauczyciel wyróżnia dzieci z zamożnych rodzin. Matka aprobuje tę wymówkę, co być może wynika z jej własnych szkolnych doświadczeń. Mówi do syna: „Masz rację. Nigdy nie ufaj bogatym dzieciakom, bo one o niczym nie mają pojęcia. Tylko tacy jak my wiedzą, o co w tym wszystkim chodzi". Dziecko dorasta, wierząc w to, co usłyszało. Jest ono przekonane, że zjadło wszystkie rozumy i tak też się zachowuje. Będąc w związku, nie toleruje u partnera odmiennych opinii. Brak mu tolerancji i szacunku dla innych. Staje się agresorem, kwestionującym prawo partnera do wyrażania tego, co on lub ona uważa za prawdziwe.

Dojrzali rodzice, którzy szanują u swoich dzieci cechę wrodzonego zdrowego rozsądku, poświęcają dużo czasu na wysłuchiwanie tego, co mają im one do powiedzenia oraz na wspieranie ich prób wyrażania własnych myśli i uczuć. Potrafią dać im czas i pewność siebie, aby nauczyły się rozmawiać o tym, co im leży na sercu. Słysząc, że dziecko mówi coś, co nie jest zgodne z prawdą, rodzic oferuje mu swoją zgodną z rzeczywistością i łatwo przyswajalną wersję, sformułowaną w oparciu o logikę i doświadczenie. Dojrzali rodzice potrafią to robić w taki sposób, aby nie wywoływać w dziecku wrażenia, że samo nie potrafi właściwie ocenić sytuacji.

W przypadku dzieci, które są pewne własnych umiejętności dociekania prawdy, ważna jest nie tylko zdobywana przez nie wiedza, ale i sam proces jej zdobywania. Dzieci dowiadują się, że na drodze do prawdy nieuniknione jest popełnianie błędów i że łatwo jest dać się zwieść pozorom; uczą się też, że błędów i pomyłek nie należy się bać, a jeśli już się je popełni, nie trzeba czuć się z tego powodu gorszym. W swoich późniejszych związkach nie boją się otwarcie wyrażać własnego zdania, a słowa partnera potrafią przepuszczać przez filtr własnej prawdy. Umiejętność wyszukiwania prawdy w tym, co słyszymy, i dostosowywania do niej własnych zachowań jest prawdziwą lekcją pokory.

Dojrzali rodzice wpajają dzieciom, że nie wolno wstydzić się niewiedzy. Jest to bardzo ważne w związku dwojga ludzi: kiedy partner podważa nasze zdanie, my, będąc świadomi własnych racji, potrafimy się bronić, ale także weryfikować swoje opinie zgodnie z tym, co słyszymy. Umiemy zmienić zdanie i przyznać partnerowi rację, nie mając jednocześnie poczucia własnej ułomności.

Piątym atrybutem wewnętrznego dziecka jest *zdrowa niedojrzałość*. Dziecko nie powinno czuć się skrępowane faktem, że zachowuje się zgodnie z jego wiekiem. Nie powinno pożądać władzy, która nie jest mu jeszcze potrzebna, ani wiedzy czy doświadczenia, których nie zdążyło jeszcze zdobyć. Od sześcioletniego dziecka nikt nie powinien wymagać siły i rozsądku dwunastolatka. W wieku czternastu lat dziecko nie powinno szukać akceptacji, demonstrując swoje potrzeby i brak dyscypliny w sposób typowy dla sześciolatka.

Niedojrzały rodzic, chwaląc małą dziewczynkę, mówi jej, że chociaż ma ona tylko osiem lat, jest odpowiedzialna jak czternastolatka. W ten sposób stara się wzbudzić w córce niezdrową dojrzałość, ażeby mogła go przedwcześnie wspierać. Mówiąc wprost, rodzic wymaga od córki, aby się nim zajęła, odbierając jej tym samym jej dzieciństwo.

Starając się jak najszybciej dorosnąć, dziecko próbuje znaleźć sobie miejsce w strukturze rodziny. Kontrolując własną spontaniczność, zyskuje ono złudne poczucie bezpieczeństwa, pozbawiając się zarazem możliwości bycia sobą. W efekcie staje się kimś odciętym od swojego prawdziwego „ja", za wszelką cenę hamującym energię i impulsywność naturalne dla jego wieku. Nie wie kim jest. W dorosłym życiu będzie starało się kontrolować siebie i partnerów. Potrzeba kontroli stanie się jego obsesją.

Osoby przesadnie kontrolujące siebie i innych dają swoim partnerom do zrozumienia, że nie mają oni prawa być sobą. Nie potrafią zaakceptować tego, kim partner naprawdę jest. Ludzie obsesyjnie kontrolujący otoczenie są dla partnerów przyczyną wstydu i wielu problemów.

Rodzice, którzy w niedojrzały sposób podchodzą do atrybutu *zdrowej niedojrzałości*, mogą też wymagać, aby dziecko zachowywało się jak młodsze, niż rzeczywiście jest. Kiedy dziesięciolatek ma napad furii typowy dla dwulatka, rodzice pobłażają jego dziecinnemu zachowaniu, znajdując w nim pewnego rodzaju satysfakcję podobną do tej, jaką czerpali w pierwszych latach życia dziecka, kiedy było ono całkowicie bezradne i zależne od nich w każdej życiowej potrzebie. Jeśli rodzic próbuje na siłę przedłużać ten stan i czerpać przy tym satysfakcję z dziecinnych zachowań dziecka, które z racji swego wieku nie powinno już zachowywać się dziecinnie, może mu wyrządzić krzywdę. Zachęca je bowiem, aby odrzucało naturalne zahamowania. W rezultacie dziecko wyrasta na człowieka, który nie potrafi hamować swoich emocji lub zachcianek. Taka osoba robi wszystko, na co tylko ma ochotę. Jej obsesją staje się brak kontroli. W relacjach z innymi ludźmi osoba ta buduje swoją przewagę, stosując wyniesioną z dzieciństwa zasadę, że wolno jej wyrażać samą siebie bez narzucanych przez wiek ograniczeń.

Związek z kimś takim jest niemożliwy – można mu jedynie ustępować z drogi. Wiedzą to dobrze wszyscy, którzy próbowali zbudować związek z osobą uzależnioną, niekontrolującą jej zachcianek. Dojrzali rodzice wiedzą, czego wymagać od dziecka na każdym etapie jego rozwoju. Z wielką ostrożnością pozwalają mu zachowywać się stosownie do wieku, a gdy dziecko zachowuje się niewłaściwie, umieją wytłumaczyć, na czym polega jego błąd, i przedstawić konsekwencje wynikające z takiego zachowania. W ten sposób dziecko uczy się, że nie może robić wyłącznie tego, na co ma ochotę, i że zawsze oczekuje się od niego zachowania zgodnego z wiekiem. Od rodziców dowiaduje się, jak dalece powinno być w danym momencie odpowiedzialne i dojrzałe; innymi słowy, otrzymuje od nich autentyczne wsparcie w procesie dorastania. Jako dorosły człowiek będzie potrafiło odróżnić zachowanie dojrzałe od niedojrzałego.

Mając świadomość, że oczekuje się od niego zachowania właściwego dla osoby dorosłej, taki człowiek potrafi dać partnerowi poczucie, że ma on do czynienia z osobą dorosłą, a nie z kimś, kto nie wyrósł z dziecinnych zachowań. Brak stabilności w związku odbiera partnerowi poczucie bezpieczeństwa, jako że nie wie on, z kim tak naprawdę ma do czynienia. W rezultacie decyduje się na jedyne słuszne w takiej sytuacji posunięcie, jakim jest wycofanie się z dysfunkcjonalnego związku.

To, w jaki sposób rodzice podchodzą do atrybutów wewnętrznego dziecka, kształtuje psychikę dzieci i określa, jakie będą w dorosłym życiu. Każdy z tych atrybutów jest drogą, która może prowadzić albo do normalności, albo do zachowań dysfunkcjonalnych. To, jaką drogę obierze dziecko, zależy przede wszystkim od rozmów z rodzicami i opiekunami oraz od przekonań, jakie w nim utrwalili. Są one odtwarzane niczym taśmy magnetofonowe w ich sercach i umysłach nawet wtedy, gdy są już dorosłe i wydaje im się, że dzieciństwo zostało daleko za nimi. Nie da się zaprzeczyć, że dzieci uczą się budować relacje z innymi ludźmi, budując wcześniej relacje ze swoimi opiekunami – przede wszystkim z rodzicami.

W miarę jak dziecko uczy się mówić i wsłuchuje się w to, co mówią jego rodzice, buduje jednocześnie swoją tożsamość. Słucha wewnętrznego głosu swojego prawdziwego „ja" oraz głosów opiekunów. Jeśli kłócą się one z tym, co mówi jego prawdziwe „ja", dziecko próbuje się dostosować do obrazu samego siebie tworzonego na podstawie niedojrzałych rozmów, jakie prowadzą z nim jego rodzice. Uczy się, że nie może polegać na własnej ocenie rzeczywistości. Może zacząć obawiać się współzależności. Może próbować powstrzymywać naturalną dla swojego wieku energię. Może zacząć pogardzać zdaniem innych. Może też uznać, że jego obowiązkiem jest dbanie o innych kosztem samego siebie. Popełniając nadużycia względem swojego prawdziwego „ja", osoba taka walczy z targającymi nią sprzecznościami. Toczy ze sobą wewnętrzne dyskusje, które uniemożliwiają jej bycie szczerą i autentyczną wobec siebie i innych.

W takim przypadku rolą terapii jest zmiana tego, co zostało zakodowane w naszym umyśle przez niedojrzałych, toksycznych rodziców. Podstawowym zadaniem – zarówno dla nas, jak i dla terapeuty – jest zrozumienie tego, co mówią owe wewnętrzne, sprzeczne głosy. Bez świadomości istoty uzdrowienia nie uda nam się zdystansować od trwającej w naszej głowie wojny. Mamy bowiem wrażenie, że ten bolesny wewnętrzny dysonans to nic innego, jak właśnie nasze prawdziwe „ja", i próbujemy to „ja" uzewnętrzniać.

Czyniąc pierwszy krok w kierunku uzdrowienia, zaczynamy rozumieć i czuć, że jedynym sposobem na zakończenie walki wewnętrznych głosów jest poddanie się dojrzałemu głosowi naszej dorosłości, który, będąc orędownikiem naszego prawdziwego „ja" i naszej doskonałej niedoskonałości, daje nam wewnętrzny spokój i pozwala cieszyć się człowieczeństwem. Odkrycie w sobie tego dojrzałego, dorosłego głosu jest radosnym wydarzeniem. Pozwala nam odzyskać szacunek do siebie i cieszyć zdrową bliskością w relacjach z ludźmi.

Zanim jednak odnajdziemy w sobie ów dojrzały głos, musimy najpierw dowiedzieć się, w jaki sposób i kiedy zostały w nas zakodowane toksyczne głosy z naszego dzieciństwa. Wiek, w jakim to nastąpiło, jest bardzo istotny, gdyż wcześnie przeżyta trauma stymuluje rozwój zupełnie innego ego niż trauma przeżyta w późniejszym wieku.

Zacznijmy od tego, w jaki sposób możemy rzucić światło na zakamarki naszego umysłu, w których w dzieciństwie po raz pierwszy zakiełkowały w nas owe toksyczne, wewnętrzne głosy.

4
Szersza perspektywa

> *Prawda zawarta w chrześcijańskich objawieniach zakłada, że niemożliwe jest, aby człowiek w pełni ją poznał, tak samo jak niemożliwe jest, aby przestał udawać, iż ją poznał.*
>
> Reinhold Niebuhr
> (autor „Modlitwy o wewnętrzny spokój"),
> „Poza tragizmem"

Osoby, które przeżyły w dzieciństwie traumę związaną z funkcjonowaniem w chorej strukturze rodzinnej, przez lata rozwijają w sobie złożone umiejętności pozwalające im znosić doznawane cierpienia i negować bolesną rzeczywistość. Jako dzieci uczą się ukrywać i fałszować prawdziwe myśli i emocje. Wypierają ze swojej psychiki wszystko, co kojarzy im się z traumatycznymi przeżyciami i ponoszącymi za nie odpowiedzialność opiekunami. Łagodniejsze uczucia maskują mniej łagodnymi, na przykład strach pokrywają pogardą, ból – złością, a zaniżoną samoocenę – agresją. To ukrywanie prawdziwych uczuć trwa nawet wtedy, kiedy są już dorosłe: za każdym razem, gdy powracają traumatyczne wspomnienia, z którymi taka osoba się nie uporała, jej relacje z otoczeniem są zagrożone. Pierwszym krokiem na drodze do uzdrowienia ofiar dziecięcej traumy jest stwierdzenie, co tak naprawdę im się przydarzyło, co wówczas czuły i w jaki sposób te bolesne doświadczenia wypaczyły zarówno ich obraz samych siebie, jak i nastawienie do innych ludzi.

Chcąc zanalizować przyczyny i skutki dziecięcej traumy, musimy przede wszystkim zidentyfikować naszych głównych opiekunów; są nimi zazwyczaj rodzice, ale krąg może zostać poszerzony o inne osoby, z którymi łączyły nas bliskie relacje, na przykład trenera, lekarza, księdza, wuja czy ciotkę. Następnie próbujemy przypomnieć sobie emocje, z którymi kojarzą nam się te osoby. Nadajemy im etykietki: bezradny, głośny, a może przerażający? Groźny, łagodny, zmęczony? Agresywny, zmysłowy, wściekły, milczący czy może chłodny? Te krótkie przymiotniki pomagają nam przypomnieć sobie emocje, jakie wzbudzali w nas nasi opiekunowie. Z tą wiedzą możemy przystąpić do stworzenia mapy wzajemnych relacji naszych opiekunów. Jeśli na przykład matka była słaba, a ojciec wściekły, wyłania nam się pewien obraz rodzinnej struktury, na podstawie którego możemy stwierdzić, które z rodziców ponosi winę za nasze traumatyczne przeżycia i w jaki sposób jest za nie odpowiedzialne.

Kluczem do powodzenia terapii jest ogarnięcie przez klienta szerszego obrazu jego sytuacji. Im więcej klienci wiedzą na temat tego, co się z nimi dzieje, tym lepiej. Nie wierzę we freudowski model milczącego, „przezroczystego" terapeuty, nieinformującego klientów o postępach terapii. W pierwszym rozdziale tej książki wspominam terapeutów, których poznałam podczas mojego leczenia i którzy w kontaktach z klientami podkreślali swoją wyższość. Ich zachowanie było równie dysfunkcjonalne, jak zachowanie ich nieszczęsnych klientów, którzy czuli się gorsi od swoich lekarzy. Aby terapia zakończyła się powodzeniem, relacje pomiędzy terapeutą a klientem muszą być oparte na empatii, a nie na dominacji i uległości.

Traumatyczne doświadczenia stanowią przyczynę dramatycznych zmian naszej samooceny, wskutek których czujemy się albo znacznie lepsi, albo znacznie gorsi od innych. Jeśli mamy mieć zdrowe relacje z naszymi partnerami, nie możemy budować związku na zasadzie gorszy – lepszy. Startując z pozycji wyższości lub niższości, nie będziemy mogli w sposób naprawdę dojrzały rozmawiać ani wyrażać swoich emocji.

Ponieważ traumatyczne doświadczenia to główny sprawca huśtawki naszej samooceny, musimy zrozumieć etiologię traumy i to, w jaki sposób niszczy ona nasze życie. Skutkiem traumatycznych przeżyć są urazy związane z podstawowymi elementami naszej osobowości: samooceną, umiejętnością wytyczania granic, obiektywną oceną rzeczywistości, zależnością od innych oraz umiarem. Kiedy doznane nadużycia kształtują naszą samoocenę, czujemy się nic niewarci; kiedy niszczą umiejętność wytyczania granic, możemy stać się zamkniętymi w sobie autokratami; kiedy zaburzone zostaje postrzeganie rzeczywistości, tracimy wiarę w umiejętność rozpoznawania prawdy; kiedy zniszczeniu ulega poczucie zdrowej zależności, stajemy się „antyzależni" i pozbawieni wszelkich pragnień; kiedy zaś zaburzona zostaje nasza umiejętność wyrażania swojej rzeczywistości z umiarem, zaczynamy wierzyć, że jesteśmy źli i niesubordynowani, a nie zwyczajnie ludzcy i doskonale niedoskonali. Kiedy coś w naszym dorosłym życiu przywoła dawne przeżycia, odczuwamy stres pourazowy, który nie tylko blokuje rozwój wybranego „uszkodzonego" aspektu naszego „ja", ale także uszkadza wszystkie pozostałe.

Bardzo ważnym elementem terapii jest określenie wieku, w którym dana osoba po raz pierwszy przeżyła traumę. W przypadku gdy krzywdzone jest niemowlę lub dziecko do lat pięciu, ofierze brakuje dojrzałości, umiejętności logicznego rozumowania i zasobu słownictwa, aby mogła się skutecznie bronić przed doznawaną przemocą lub potrafiła się do niej przystosować. Jej cierpienie w dużej mierze pozostaje niewyrażone. Kiedy tak wcześnie zadane rany odzywają się w dorosłym życiu, człowiek reaguje tak, jak zareagowałoby małe dziecko: czuje, że sytuacja go przerasta, wycofuje się, ma objawy dysocjacyjne. W relacji z partnerem traci umiejętność wytyczania granic psychologicznych i wybiera pozycję „gorszego". Jego samoocena gwałtownie spada, on sam zaś zachowuje się w sposób chaotyczny i staje się też nadmiernie zależny od swojego otoczenia.

W przypadku, gdy traumatyczne doświadczenia miały miejsce w późniejszym wieku, powiedzmy w przedziale od sześciu do siedemnastu lat, reakcja dorosłej osoby na stres pourazowy również będzie przypominała reakcję dziecka, ale osoba taka wcale nie czuje się dziecinnie. Wręcz przeciwnie, będzie uważała swoje zachowanie za naturalne dla osoby dorosłej. Starsze dziecko, doświadczając przemocy, jest już na tyle dojrzałe i ma na tyle rozwinięte umiejętności językowe, że jest w stanie świadomie obrać strategię przystosowania się do dysfunkcjonalnej sytuacji, polegającą na „podrabianiu" dorosłości. Ów stan psychicznej dojrzałości, będący efektem przystosowania, jest dla większości dorosłych ofiar traumy życiową normą: są dziećmi udającymi dorosłych.

Kiedy wspomnienie dawnej traumy odżywa w osobie, która doświadczyła przemocy w późniejszym dzieciństwie i w jej efekcie wyrobiła w sobie poczucie fałszywej wyższości, osoba taka, będąc w związku, reaguje na sytuacje stresowe budowaniem wokół siebie murów. Staje się agresywna i zaczyna demonstrować wobec partnera wyższość. Z kolei osoba, która była w dzieciństwie poniżana, staje się przesadnie ustępliwa. Jednocześnie stara się iść innym na rękę i manipulować otoczeniem. Taka postawa popularnie nazywana jest pasywno-agresywną.

Dzieci przeżywające traumę doświadczają emocji dwojakiego rodzaju. Po pierwsze, współodczuwają emocje swoich rodziców. Wiedzą, skąd te emocje pochodzą i są świadome ich wpływu na siebie. Rozumieją, co się z nimi dzieje. Nawet jeśli głęboko je przeżywają, ich granice psychologiczne pozostają nietknięte. Jeśli na przykład matka czegoś się boi, dziecko wyczuwa jej strach i reaguje empatią. Strach matki zostaje niejako przeniesiony na dziecko. Tego typu współodczuwanie może być dla dziecka doświadczeniem trudnym, ale nie przytłaczającym czy wytrącającym je z równowagi. Dziecko nie traci wówczas kontaktu ze swoim „ja".

Istnieje jednak drugi rodzaj przenoszonych emocji, który jest o wiele bardziej szkodliwy i może nawet prowadzić do zagłady naszej osobowości. Mam na myśli naruszenie granic, które ma miejsce wówczas, gdy jesteśmy brutalnie atakowani przez olbrzymią dawkę gwałtownych emocji niszczących nasz psychiczny system obronny. Gdy na przykład ktoś przenosi na nas swój wstyd, my, zamiast po prostu być świadkami czegoś, czego należy się wstydzić, czujemy się wtedy jak zawstydzeni aktorzy, grający główne role i przekonani o tym, że są bezwartościowi.

O przenoszeniu wstydu mówimy wówczas, gdy opiekun zachowuje się wobec dziecka w sposób bezwstydny, lecz nie przyznaje się do tego nawet przed samym sobą, skrywając często pozbawioną wstydu agresję pod maską wściekłości. Negowany przez rodzica wstyd płynie niczym fala poprzez pokój i spływa na dziecko, które akceptuje go jako swój i ugina się pod jego ciężarem. W przeciwieństwie do mniej toksycznych, empatycznych reakcji, które nie naruszają naszych granic psychologicznych, tego rodzaju reakcja wywołuje w nas przekonanie o braku własnej wartości. Przestajemy dostrzegać fakt, że ów wstyd tak naprawdę pochodzi od naszego opiekuna. Uważamy go za własny. Czujemy, że utraciliśmy kontrolę nad sobą, że wariujemy; nasza umiejętność logicznego rozumowania przegrywa w zetknięciu z tak potężną dawką negatywnej energii.

Wiele rodzajów negatywnej energii może być przenoszonych z jednej osoby na drugą w sposób naruszający nasze wewnętrzne granice i podkopujący samoocenę; w takich sytuacjach tracimy umiejętność rozpoznawania źródła naszych emocji i utwierdzamy się w przekonaniu, że to, co w rzeczywistości pochodzi z zewnątrz, tkwi w nas samych – na przykład wściekłość. W skrajnych przypadkach, stawiając czoło wściekłemu opiekunowi, przestajemy reagować jedynie empatią, to znaczy przestajemy współodczuwać wściekłość opiekuna ze świadomością, że nasze emocje pochodzą z zewnątrz. Stając twarzą w twarz z furiatem, przyjmujemy przenoszoną na nas wściekłość i sami wpadamy w furię. Przekroczona zostaje granica oddzielająca nas od człowieka, który zainicjował awanturę. Inny przykład: przebywając z kimś, kto niewłaściwie reaguje na ból, na przykład tłumiąc go, możemy przejąć nie tylko ból tej osoby, lecz także wynikające często z cierpienia poczucie beznadziei. W pewnym momencie przestajemy dostrzegać źródło tego bólu. Pewni, że tkwi ono w nas samych, czujemy się bezradni wobec cierpienia.

Zinternalizowane emocje, a w szczególności zinternalizowany wstyd to trucizna niszcząca nasze wewnętrzne granice, hamująca nasz wewnętrzny rozwój i zatruwająca nasze dorosłe życie. Jedną z podstawowych metod terapeutycznych, pozwalającą wyssać z nas ten jad, jest terapia krzeseł, podczas której klient przy wsparciu terapeuty oddaje dźwigany przez siebie wstyd swoim rodzicom – jego prawowitym właścicielom.

Terapia krzeseł wzięła swoją nazwę od krzesła lub krzeseł ustawianych przez osoby przechodzące terapię dla tych, którzy odegrali główną rolę w ich traumatycznej przeszłości. W swojej wyobraźni zapraszają oni opiekunów do pomieszczenia i sadzają na krześle odsuniętym na bezpieczną odległość. Szczegółowy opis praktycznego zastosowania tej terapii znajduje się na końcu tej książki. Jak jednak można się przekonać w rozdziale dziewiątym, pomoc profesjonalisty w trakcie takiej terapii nie zawsze jest niezbędna. W miarę jak klienci uczą się kontrolować emocjonalne skutki zinternalizowanego wstydu, mogą samodzielnie zacząć stosować zasady terapii krzeseł; pozwala im to lepiej zrozumieć, co się z nimi dzieje. Poznając naturę i historię swych traumatycznych przeżyć, ucząc się wytyczania granic pozwalających opanować ból dawnej traumy, klienci stają się swoimi własnymi terapeutami.

Podczas terapii krzeseł ludzie niezwykle się koncentrują, uspokajają i wyciszają. Zamykają oczy i skupiają się na oddechu. Wpadają w rodzaj lekkiego transu. Wyobrażają sobie, że zaprosili do pomieszczenia rodziców i mówią im, jak się czuli jako ofiary ich agresji. Dotykają emocji, które odczuwali w dzieciństwie, lecz których nie potrafili wówczas wyrazić. Podczas terapii będą oni mogli uwolnić je ze swego ciała w procesie emocjonalnego oczyszczenia się ze skutków traumy.

Osoby, które potrafią nazwać i wyrzucić z siebie zinternalizowany wstyd, nie reagują aż tak gwałtownie na ludzi, którzy swoim zachowaniem budzą w nich pamięć dawnych ran. Jeśli jednak te toksyczne emocje nadal w nas tkwią, to za każdym razem, gdy próbujemy budować relacje z kimś przypominającym nam sprawcę traumy z dzieciństwa, do głosu dochodzi cała gama dysfunkcjonalnych emocji powiązanych z różnymi aspektami naszego prawdziwego „ja". Starając się zachowywać jak dorośli, wciąż tkwimy uwięzieni w dziecięcej psychice. W takim stanie nie możemy budować związków, ponieważ nasi partnerzy cierpią lub odchodzą.

Podczas gdy klienci rozmawiają ze swoimi nieobecnymi rodzicami, słucham ich, koncentrując się na przykładach dziecięcej logiki w podejściu do przeżytej traumy. Bardzo często, mówiąc o swoich traumatycznych doświadczeniach, dorośli ludzie nadal rozumują jak dzieci. Zwracam moim klientom uwagę na ich dziecinne myślenie i wspólnie zastanawiamy się, jak zająć się ich problemem w sposób bardziej dojrzały i funkcjonalny. Przedstawiając im mój zdroworozsądkowy punkt widzenia, staram się jednocześnie zasugerować im mniej oczywistą, a bardziej praktyczną metodę oczyszczenia się ze zinternalizowanych negatywnych emocji. To właściwy moment, aby spróbować się dowiedzieć, w jakim wieku moi klienci przeżyli traumę.

Osoby dysfunkcjonalne, których rozwój emocjonalny został zahamowany na skutek doznanych urazów, będąc w związku z drugim człowiekiem, wybierają jedną z dwóch dobrze sobie znanych z dzieciństwa ról. Jedną z nich jest rola *zranionego dziecka*, drugą – rola *przystosowanego zranionego dziecka*. Kiedy odzywają się rany z przeszłości, osoby dorosłe czują się tak, jakby znowu były w wieku, w którym je po raz pierwszy skrzywdzono, i zachowują się tak jak wtedy, przeżywając na nowo dawne emocje.

Rola zranionego dziecka dotyczy najwcześniejszego okresu życia: od urodzenia do około piątego roku. W tym czasie rzeczywistość ma dla dziecka wymiar magiczny. Jego ego jest bardzo wrażliwe i podatne na zranienie, a rozumowanie pozbawione logiki. W miarę jak dziecko rośnie, magiczne postrzeganie rzeczywistości ustępuje miejsca zdrowemu rozsądkowi. W tym momencie dzieci przyjmują rolę przystosowanego zranionego dziecka. Stan ten dotyczy dzieci w wieku od sześciu do siedemnastu lat. Potrafią one zlokalizować przyczynę problemów swej dysfunkcjonalnej rodziny i wiedzą, kim powinny się stać, aby taki rodzinny system funkcjonował w sposób, który zadowoli ich dysfunkcjonalnych rodziców. Zranione dziecko uczy się wtedy nowych sztuczek i staje się przystosowanym zranionym dzieckiem, które z kolei uczy się adaptować do zmiennych sytuacji, co z jego punktu widzenia stanowi gwarancję przeżycia.

W obu powyższych stanach mamy do czynienia z doprowadzonymi do skrajności symptomami, o których była mowa w rozdziale trzecim, podczas omawiania urazów, jakie niedojrzali rodzice mogą zadać prawdziwemu „ja" swego dziecka. Dziecko wcześnie zranione zaczyna wierzyć, że jest nic niewarte. Brak wykształconych wewnętrznych granic oraz rozwiniętych umiejętności językowych sprawia, że nie potrafi się samo bronić. Jest całkiem zależne od innych i nie panuje nad sobą. Zaczyna mieć objawy dysocjacyjne, jest wytrącone z równowagi. Dzieci starsze, przyjmujące rolę przystosowanych zranionych dzieci, czują się lepsze i ważniejsze od innych, demonstrują wyższość. Z wiekiem nauczyły się ukrywać uczucia i manipulować innymi, aby dostać to, na czym im zależy. Są zamknięte w sobie, opancerzone. Skupiają się na innych bardziej niż na sobie. Bywają również spięte i starają się wszystko bardzo kontrolować.

Jak na ironię, dorośli, którzy przeżyli w dzieciństwie traumę, nie potrafią wyjść poza ego przystosowanego zranionego dziecka bez pomocy z zewnątrz – to najbardziej dojrzały stan, jaki zdołali osiągnąć. Użyłam zwrotu „jak na ironię", ponieważ osoby te bardzo często chwalą się swoją dojrzałością. Często nazywam ich dorosłymi zranionymi dziećmi, ponieważ to, co oni uważają za swoje dojrzałe „ja", jest w rzeczywistości niczym innym, jak stanem przystosowanego zranionego dziecka, który w dysfunkcjonalny sposób został przeniesiony w dorosłość.

Kiedy po raz pierwszy zaczęłam robić wywiady dotyczące środowiska rodzinnego klientów i prowadzić terapię krzeseł, zauważyłam, że przedstawiając swe problemy w związkach, klienci opisują te zachowania, których w żaden sposób nie można uznać za dojrzałe. Swoje przeżycia opisywali z perspektywy dziecka: dziecka zranionego lub przystosowanego. Nic dziwnego, że nie układało im się z partnerami. Zwyczajne sprzeczki stawały się w ich wykonaniu kłótnią dwojga małych dzieci. Dojrzałe negocjacje między nimi w zasadzie nie istniały.

Wcześnie przeżyta trauma wpłynęła niszcząco na osobowość moich klientów, całkowicie zatruwając pewne jej aspekty i to właśnie one były przyczyną ich problemów w związkach. Zwracałam klientom uwagę, że kiedy w trakcie terapii krzeseł rozmawiają z nieobecnymi rodzicami, wyrażają emocje charakterystyczne dla dzieci. Jeśli zatrzymali się na etapie zranionego dziecka, czuli się niewiele warci i łatwo było ich zranić. Z kolei stan przystosowanego zranionego dziecka charakteryzował się poczuciem wyższości i przekonaniem o własnej wszechmocy. Doznane nadużycia wykształciły w nich dysfunkcjonalne ego, z którym wkraczali w dorosłe związki. To, w jaki sposób traktowali ich w dzieciństwie rodzice, przekładało się na ich reakcje w dorosłym życiu. Gdy partner swoim zachowaniem rozjątrzał ich dawne rany, reagowali na niego wtedy w taki sposób, jakby to on właśnie ponosił winę za ich dawne cierpienia.

Klienci biorą głos przystosowanego zranionego dziecka za głos swego dojrzałego „ja", który każe im zamykać się w sobie, osądzać i kontrolować innych oraz wymusza perfekcjonizm. Zraniona część ich prawdziwego „ja" staje się kimś w rodzaju rodzica dla pozostałych aspektów zranionego wewnętrznego dziecka. Jego głos przypomina klientowi głosy agresywnych rodziców. Głos ten atakuje, wyraża lekceważenie i dystansuje lub też – przeciwnie – pobłaża, przekraczając granice psychologiczne. Głos takiego przystosowanego zranionego dziecka naśladuje głos jego agresywnego rodzica i sprawia, że klient zaczyna źle o sobie myśleć – traci poczucie wartości.

Próbując znaleźć sposób przerwania tego błędnego koła, wymyśliłam postać *funkcjonalnego dorosłego*, który mógłby być mediatorem pomiędzy dwoma skłóconymi skrajnościami i przemawiać z perspektywy prawdziwie dojrzałej osoby. W dalszej części książki omówię tę koncepcję bardziej szczegółowo, na razie chcę tylko podkreślić, że tego rodzaju mediacja, polegająca na szukaniu wewnętrznej równowagi pomiędzy skrajnościami, jest rezultatem pracy nad wytyczaniem granic psychologicznych, dzięki której zdobywamy dar umiaru. Bez tego daru ulegamy dysfunkcjonalnym i ekstremalnym zachowaniom.

Koncepcja głosu funkcjonalnego dorosłego narodziła się podczas pracy nad symptomami osiowymi: samooceną, wytyczaniem granic, obiektywną oceną rzeczywistości, umiejętnością troszczenia się o siebie oraz umiarem. Śledząc postępy terapii klientów, zdałam sobie sprawę, że pracując nad ich symptomami i pomagając im osiągnąć równowagę, musimy wprowadzić ich w stan dojrzałego ego, w którym nie ma miejsca na skrajności, jest za to akceptacja samego siebie, a ponadto przekonanie o własnej wartości oraz uznanie swej doskonałej niedoskonałości. Dopiero osiągnąwszy ów stan umiarkowania i równowagi, klient może zacząć myśleć o budowaniu bliskości z partnerem; prawidłowo funkcjonujące granice psychologiczne pozwalają mu bowiem otworzyć się na drugą osobę i wyrażać własne myśli bez uciekania się do defensywnej manipulacji.

Zamiast budować wokół siebie mur lub całkowicie rezygnować z granic psychologicznych, klienci uczą się wytyczać je niejako w pół drogi, co pozwala im na pewien stopień bliskości z drugą osobą, a jednocześnie chroni ich przed ewentualnym zranieniem. Inną ważną kwestią jest nauka myślenia o sobie samym jako o kimś doskonale niedoskonałym, zamiast dobrym lub złym. Klienci wiedzą, że nie powinni być nadmiernie zależni od swojego otoczenia ani koncentrować się na innych kosztem zaspokajania własnych potrzeb; zamiast tego uczą się niezależności, bycia odpowiedzialnym za samych siebie i pewnego zdrowego współistnienia. Dzięki umiarowi w wyrażaniu rzeczywistości przestają być niedojrzali, spięci i wybuchowi – odzyskują ważną wewnętrzną równowagę i opanowanie.

W czasie trwania terapii świadomie zbliżamy się coraz bardziej do stanu zrównoważonego, zdrowego ego, w którym głos funkcjonalnego dorosłego uczy klienta dojrzałej komunikacji z otoczeniem. *Głos funkcjonalnego dorosłego włącza się w kłótnię przystosowanego dorosłego dziecka i dziecka zranionego, przerywając ją.* Tym samym zaczyna pełnić rolę rodzica dla obu tych stanów naszego „ja". Potwierdza ich istnienie, a jednocześnie uświadamia im, że teraz zajmie się nimi dojrzały i współczujący rodzic. Nie muszą już nareszcie walczyć ze sobą o przetrwanie, rezygnując z własnej tożsamości. Po prostu są bezpieczne.

5
Fizyczna bliskość – równowaga trudna do osiągnięcia

> *Trawiła mnie gorączka,*
> *Przed tłumem palił wstyd.*
> *On znalazł moje listy,*
> *I każdy odczytał im.*
> *Błagałam, aby skończył,*
> *Ale nie przestawał.*
> *Wygrywał mój ból na strunach gitary,*
> *Śpiewał, jakby znał mnie od lat...*
> *Zabijał mnie powoli swoją piosenką.*
> Roberta Flack, „Killing me Softly"

Udany związek to niełatwa sprawa – trzeba dzielić się ze sobą prawdą, umieć mówić i słuchać. Na dodatek odzywają się w nas wewnętrzne głosy, będące echem naszych doświadczeń z dzieciństwa, i cisną nam na usta słowa wynikające z odczuwanego dawniej poniżenia lub poczucia fałszywej wyższości. Odzywają się zawsze wtedy, gdy próbujemy rozmawiać jak ludzie dorośli. Sabotują naszą dojrzałość i wciągają na powrót w dysfunkcjonalne stany z przeszłości – zranionego lub przystosowanego dziecka. Starają się narzucić nam dobrze znane role: Synka Mamusi, Kozła Ofiarnego, Zagubionego Dziecka, Małego Bohatera lub Bohaterki, Zastępczego Partnera czy Rodzinnego Terapeuty. Ta wewnętrzna, mordercza walka budzi w nas negatywne emocje, które wyładowujemy w naszych związkach. Wydaje nam się, że te emocje są czymś normalnym – że tak już jest na tym brutalnym świecie. Stan ten trwa, dopóki nie dowiemy się, czym jest dziecięca trauma, i nie poznamy możliwości, jakie niesie ze sobą terapia jej skutków.

Trzeba mieć naprawdę zdrową samoocenę, aby nie dopuścić do siebie agresywnych głosów z przeszłości. Dopiero kiedy je wyciszymy lub opanujemy, możemy budować udane związki. Potrafimy się wówczas komunikować z partnerem bez poczucia wstydu, strachu czy paniki, które budzą w nas echa przeszłości. Emocje te zmuszają nas do atakowania lub odpierania wyimaginowanych ataków, a czasem do ucieczki. Mając zaś zdrową samoocenę, możemy przekazywać partnerowi swoje myśli i uczucia z miłością, a przynajmniej z szacunkiem.

Ludzie będący ze sobą w związku komunikują się poprzez swoje prawdziwe „ja". Szukając bliskości, nie zachowują się agresywnie ani defensywnie; kiedy natomiast ich partner szuka bliskości, nie zamykają się w sobie i nie okazują wrogości.

Narzędziami, za pomocą których budujemy bliskość, są nasze ciała, emocje i myśli. Służą nam one zarówno do przekazywania, jak i do odbierania energii. Kiedy jesteśmy nastawieni na odbiór, powinniśmy przyjmować tylko taki przekaz, który nie kłóci się z naszym poczuciem prawdy.

Spójrzmy na taki przykład: partner gniewa się na nas, bo nie chcemy iść wieczorem na przyjęcie. Zarzuca nam, że zachowujemy się samolubnie i myślimy wyłącznie o własnej wygodzie. Mówi, że go nie kochamy. Być może nie tylko mówi, ale wręcz krzyczy. Jeśli jego słowa nie są zgodne z prawdą, a prawdziwe jest to, co powiedzieliśmy – że chcemy pobyć trochę sami – powinniśmy zdystansować się od słów i emocji partnera. Należy to jednak zrobić w taki sposób, aby nie okazać mu braku szacunku. Ta wewnętrzna dyscyplina nadaje nowego, duchowego znaczenia znanemu powiedzeniu, aby „nie brać czegoś do siebie". Jeśli szanujemy naszego partnera, będziemy potrafili zrozumieć, że właśnie emocje nie pozwalają mu dostrzec naszej prawdy i że coś złego dzieje się z jego stanem emocjonalnym. Nasz partner ma problem, a to oznacza, że w naszym związku pojawił się problem. Będziemy mu chcieli pomóc właśnie ze względu na dobro związku. Nasza samoocena pozostanie nietknięta.

Nie znaczy to, że należy odrzucać adresowany do nas przekaz. Musimy po prostu mieć świadomość, że słowa partnera fałszują obraz całej sytuacji i nie dopuścić do siebie ich negatywnej energii. Powinno nam jednak cały czas zależeć na porozumieniu, bo jest to jedyna droga do bliskości – tylko w ten sposób obie strony mogą poznać prawdę o tym, co myślą i czują.

Częstą przyczyną problemów w związku jest brak *opanowania*. Bez względu na to, czy odbieramy czyjś przekaz, czy też sami coś komuś przekazujemy, informacja ta zostanie zniekształcona, jeśli nie będziemy potrafili opanować emocji i wytyczyć im zdrowych granic. Wyobraźmy sobie, że chłopak poznaje dziewczynę, która bardzo mu się podoba. Chce, żeby czuła do niego to samo, co on do niej. Mówi jej więc, że jest najpiękniejszą kobietą, jaką Bóg stworzył, że całkowicie go zauroczyła, że świata poza nią nie widzi, że jest dla niego najważniejsza. Te silne emocje zamiast ucieszyć dziewczynę, przerażają ją. Myśli, że chłopak zwariował, a prawie w ogóle się nie znają. Wycofuje się więc i buduje wokół siebie mur.

W przypadku całkowitego braku granic pozwalamy drugiej osobie na zbyt wiele lub też sami za bardzo się otwieramy. Możemy się wtedy zachowywać zbyt głośno, zbyt natarczywie lub zbyt uczuciowo. Możemy przytłaczać innych naszymi opiniami lub wiedzą. Wysyłamy zbyt wiele przekazów i bombardujemy nimi partnera, który zaczyna się czuć zraniony, nieszczęśliwy, ma do nas żal lub ma wrażenie, że padł ofiarą przemocy z naszej strony. Przekroczyliśmy jego strefę bezpieczeństwa, sprawiając mu w ten sposób przykrość lub ból.

Z drugiej strony nadmierne opanowanie powoduje, że jesteśmy opancerzeni i nic nie może nas dotknąć. Zamiast wytyczać zdrowe granice, zbudowaliśmy wokół siebie mur, który ma nas uczynić nietykalnymi. Kiedy partner mówi, że nie może nam zaufać, pozostajemy niewzruszeni. Nie reagujemy, kiedy nas czule dotyka. Gdy dzieli się z nami swoimi opiniami, udajemy, że nie słyszymy. Zamykamy się w sobie i wycofujemy ze związku. Nie zmienimy się bez interwencji z zewnątrz – na przykład pomocy terapeuty. Kiedy mury zastępują zdrowe granice, nie ma prawdziwego związku, ponieważ te pierwsze uniemożliwiają bliskość.

Jak już wspominałam, z wytyczaniem granic można mieć problemy dwojakiego rodzaju: albo zastępujemy granice murem, albo w ogóle się ich pozbywamy; są to dwie skrajności, pomiędzy którymi mieści się obszar zdrowych granic psychologicznych. Tak jak opisany w rozdziale czwartym funkcjonalny dorosły spełnia funkcję mediatora pomiędzy dwoma skrajnymi głosami zranionego dziecka, tak też praktyka wytyczania zdrowych granic pomaga nam osiągnąć równowagę między byciem nadmiernie podatnym na zranienie a poczuciem, że nikt nie może nas zranić między przesadnym wyrażaniem swoich emocji a zamknięciem się na innych. Zdrowe granice psychologiczne powodują, że znajdujemy się w stanie *kontrolowanej otwartości*.

Stan kontrolowanej otwartości pomaga nam otworzyć się na tyle, aby partner mógł nas poznać, ale nie na tyle, aby mógł nas zniszczyć, kierując w naszą stronę negatywne emocje. Utrzymując ten stan, chronimy również partnera przed naszym brakiem szacunku i negatywnymi emocjami, które nam jako doskonale niedoskonałym istotom ludzkim zdarza się czasami uzewnętrzniać. Jednocześnie chronimy się przed dokładnie takimi samymi zachowaniami ze strony partnera.

Aby osiągnąć stan kontrolowanej otwartości, trzeba umieć wyznaczać zdrowe granice. Dwie z nich dotyczą fizycznych i seksualnych form kontaktu z drugim człowiekiem. Pierwsza odnosi się do naturalnej bliskości i dotyku pozbawionego podtekstu seksualnego i nosi nazwę *zewnętrznej granicy kontaktu fizycznego*. Druga odnosi się erotyki i jest nazywana *zewnętrzną granicą kontaktu seksualnego*.

Istnieją również wewnętrzne granice psychologiczne, z których korzystamy, dzieląc się z drugim człowiekiem swoimi myślami i uczuciami. Aby nasz związek mógł funkcjonować na zasadzie bliskości, musimy korzystać zarówno z granic zewnętrznych (regulujących kontakt fizyczny i seksualny), jak i wewnętrznych (regulujących przepływ myśli i uczuć).

Granice kontaktu fizycznego są równie ważne wówczas, gdy to my szukamy z kimś bliskości, jak i wtedy, gdy ktoś chce zbliżyć się do nas. Wszelkiego typu kontakty fizyczne pozbawione podtekstu

Fizyczna bliskość – równowaga trudna do osiągnięcia

seksualnego należą do kategorii czułości. Żegnając się z gospodynią przyjęcia, możemy na przykład nachylić się w jej stronę z zamiarem pocałowania jej w policzek albo też ona może zrobić krok w naszą stronę i przechylić głowę, zachęcając do pożegnalnego pocałunku. W sytuacjach okazywania czułości i przyjmowania czułych gestów generalnie czujemy się odprężeni.

Wszelka czułość wymaga jednak kontrolowanego opanowania. Narzucanie drugiej osobie fizycznej bliskości może być potraktowane jako nadużycie, jeśli osoba ta nie wyraziła zgody na taką formę kontaktu. Zawsze należy takie przyzwolenie uzyskać, gdyż w ten sposób wyrażamy nasz szacunek, miłość i pragnienie zdrowej bliskości z drugim człowiekiem. Wielu z nas nie zdaje sobie sprawy z tego, że w kontaktach z innymi poszukuje bliskości. Równie liczni są ci, którzy pod pozorami dążenia do bliskości ukrywają swe prawdziwe cele. Całując gospodynię w policzek na do widzenia, być może okazujemy fałszywą czułość, ponieważ chcemy zatuszować fakt, że źle się bawiliśmy na przyjęciu. Zdarza się też, że okazując komuś czułość i pławiąc się w uprzejmościach, okazujemy jednocześnie naszą wyższość. Bywa, że pozwalamy sobie na zbyt bliski kontakt z drugą osobą, skutecznie ukrywając seksualną agresję pod przykrywką konwenansów. Osoby, które prawdziwie chcą okazać komuś czułość, są całkowicie świadome potrzeby bliskości i biorą pełną odpowiedzialność za swoje zachowanie. Bliskość to wzajemna wymiana, wymagająca zgody zainteresowanych stron. Chcąc pocałować gospodynię na pożegnanie, powinniśmy zapytać ją, czy nie ma nic przeciwko takiemu pocałunkowi. Jeśli się zgodzi, naszą nagrodą będzie poczucie wewnętrznego spokoju. A jeśli powie: nie? To dopiero skłania do refleksji!

Adresat czułych gestów również powinien praktykować zasadę kontrolowanego opanowania. Gdy ktoś się do nas zbliża, powinniśmy umieć ograniczyć dzielący nas dystans do takiego, który uznamy za właściwy. Pewna kobieta opowiedziała mi historię o pijanym mężczyźnie, który dziękując jej za udane przyjęcie, potarł kroczem o jej łono. Kobieta ta nie potrafiła narzucić mu właściwego dystansu i nie okazała mu swojego oburzenia i gniewu. W rezultacie przez wiele dni prześladował ją żal i wstyd na wspomnienie tej przykrej sceny.

Umiejętność zachowania właściwego dystansu i świadoma ocena proponowanej nam formy kontaktu jest wyrazem szacunku wobec samego siebie. Skupiamy się wówczas na tym, kim tak naprawdę jesteśmy, i decydujemy, jaki rodzaj fizycznej bliskości najbardziej nam w danej chwili odpowiada.

W kontaktach z drugim człowiekiem powinniśmy przestrzegać następującej zasady: „Mam prawo decydować, kto i w jaki sposób mnie dotyka". Mamy prawo decydować o tym, jak blisko kogoś do siebie dopuścimy oraz czy pozwolimy mu dotykać siebie i swoich rzeczy osobistych: listów, zdjęć, pamiętników. Dotyczy to także przeglądania poczty elektronicznej i odsłuchiwania wiadomości telefonicznych. Granica, jaką wytyczymy, pozwoli nam selekcjonować formy fizycznego kontaktu i określać, jak bardzo chcemy się przed kimś otworzyć.

Zewnętrzna granica kontaktu fizycznego daje nam możliwość sprecyzowania, jak blisko dopuścimy do siebie drugiego człowieka. W ten sposób wyrażamy instynkt samozachowawczy. Nadając pożądaną formę kontaktom z otoczeniem, kontrolujemy gesty, które są do nas adresowane, i decydujemy o tym, czy je zaakceptować. Ponieważ jesteśmy zdrowi, akceptujemy wyłącznie zachowania odzwierciedlające prawdziwe zamiary drugiej osoby i będące wyrazem jej szacunku wobec nas. Oczekując takiego zachowania, wyrażamy jednocześnie szacunek wobec siebie. Wytyczanie zdrowych granic kontaktu fizycznego jest zatem równoznaczne z miłowaniem samego siebie i poszanowaniem prawdziwych intencji partnera.

„Mam prawo decydować, kto i w jaki sposób mnie dotyka" to tylko połowa zasady obowiązującej przy wytyczaniu zdrowych granic kontaktu fizycznego. Druga połowa brzmi: „Ty również masz do tego prawo".

Fundamentalne zasady niedopuszczania do naruszenia zewnętrznej granicy kontaktu fizycznego

1. Nie przekraczaj granicy fizycznego kontaktu bez pozwolenia. Powszechnie uważa się, że granicą tą jest odległość około pół metra od drugiego człowieka.

Fizyczna bliskość – równowaga trudna do osiągnięcia

2. Nie dotykaj nikogo bez pozwolenia.
3. Nie dotykaj rzeczy osobistych drugiego człowieka bez jego pozwolenia – torebki, portfela, listów itd., oraz nie naruszaj jego prywatnej przestrzeni życiowej.
4. Nie słuchaj cudzych rozmów prywatnych i telefonicznych bez pozwolenia.
5. Nie narażaj nikogo świadomie na zarażenie chorobą.
6. Nie pal w miejscach objętych zakazem palenia oraz w towarzystwie osób niepalących.

Zajmijmy się więc teraz drugą z wytyczanych granic – zewnętrzną granicą kontaktu seksualnego. Zbliżając się do kogoś z zamiarem kontaktu seksualnego, musimy być na tyle opanowani, aby nie sprawić tej osobie przykrości ani nie narazić jej na cierpienie. W takiej sytuacji niezbędne jest wytyczenie zdrowej zewnętrznej granicy kontaktu seksualnego. Obowiązująca w tym przypadku zasada brzmi: „Mam prawo decydować, z kim, kiedy, gdzie i jaki podejmę kontakt seksualny. Ty też masz do tego prawo".

Spójrzmy najpierw na pierwszą część tej zasady. Umożliwia nam ona podejmowanie niezależnych decyzji dotyczących naszego życia erotycznego. Zastanawiamy się, czy partner nam odpowiada, a kiedy już zdecydujemy się na zbliżenie, wciąż mamy prawo i obowiązek decydować o tym, kiedy, gdzie i w jaki sposób się ono odbędzie. Chroniąc się, wyrażamy szacunek wobec samych siebie oraz analizujemy motywację własną i partnera.

Zewnętrzna granica kontaktu seksualnego powinna być wytyczana zawsze wtedy, gdy ktoś zbliża się do nas z zamiarem zainicjowania zbliżenia. Nie znaczy to jednak, że możemy lekceważyć pragnienia partnera. Z szacunkiem powinniśmy wysłuchać, co ma do powiedzenia na temat tego, kiedy, gdzie i w jaki sposób chciałby podjąć kontakt seksualny. Nie możemy stawiać mu żądań. W sytuacjach fizycznej i seksualnej bliskości można okazywać zachętę lub sprzeciw, ale zawsze musimy to czynić z szacunkiem.

Fundamentalne zasady niedopuszczania do naruszenia
zewnętrznej granicy kontaktu seksualnego

1. Nie zbliżaj się do nikogo z zamiarem podjęcia kontaktu seksualnego bez wyraźnego przyzwolenia.
2. Nie zmuszaj nikogo nigdy do zbliżenia, jeśli słyszysz zdecydowany sprzeciw.
3. Nie narzucaj nikomu niebezpiecznych form zbliżeń.
4. Nie zmuszaj nikogo do bycia świadkiem zachowań seksualnych bez jego zgody.
5. Nie bądź przyczyną niczyjego zgorszenia.

Wytyczając zdrowe granice, chronimy samych siebie, a jednocześnie otwieramy się na tyle, aby pozwolić sobie na bliskość, ale nie na tyle, aby zostać łatwo zranionym. Kiedy zamiast granic budujemy mur, nie dopuszczamy do siebie czułości i zamykamy się w sobie, stając się niezdolnymi do nawiązania bliskości. Z kolei brak wytyczonych granic uniemożliwia jakąkolwiek formę obrony przed otoczeniem i sprawia, że często znajdujemy się w roli ofiary. Brak granic nie sprzyja również opanowaniu, możemy więc łatwo ranić i obrażać innych.

Może się zdarzyć, że zewnętrzna granica kontaktu fizycznego będzie pełnić rolę muru, a jednocześnie zaniknie jej funkcja odpowiedzialna za opanowanie. Każdy z nas ma inny system granic i to, jak zachowujemy się w naszych związkach, zależy od mocnych i słabych punktów w naszym systemie obronnym.

Struktura zewnętrznych granic kontaktu fizycznego
i seksualnego

Poniżej znajdują się przykłady funkcjonowania zewnętrznych granic kontaktu fizycznego i seksualnego w sytuacjach, gdy: 1. System granic jest nienaruszony. 2. Istnieje mur. 3. Występuje całkowity brak granic. Każda z granic spełnia dwie funkcje: ochronną oraz powstrzymującą.

Fizyczna bliskość – równowaga trudna do osiągnięcia

Zewnętrzna granica kontaktu fizycznego – OCHRONA

1. Zewnętrzna granica kontaktu fizycznego określa dystans, na jaki zbliżamy się do kogoś i na jaki pozwalamy zbliżać się do siebie w celu okazania czułości pozbawionej seksualnego podtekstu. Kiedy granica ta właściwie spełnia swoją funkcję ochronną, potrafimy decydować o tym, kto będzie nas dotykał oraz jak blisko dopuścimy do siebie inne osoby i czy pozwolimy im dotykać naszych rzeczy osobistych.
2. Gdy zewnętrzną granicę kontaktu fizycznego odpowiadającą za ochronę zastępuje mur, nikogo do siebie nie dopuszczamy ani nie pozwalamy nikomu dotykać naszych rzeczy osobistych.
3. Gdy zewnętrzna granica kontaktu fizycznego odpowiadająca za ochronę nie istnieje, dopuszczamy do siebie każdego, pozwalamy się dotykać, nie stosując żadnych ograniczeń, i nie protestujemy, gdy ktoś dotyka naszych rzeczy osobistych.

Zewnętrzna granica kontaktu fizycznego – OPANOWANIE

1. Jeśli zewnętrzna granica kontaktu fizycznego odpowiadająca za opanowanie funkcjonuje prawidłowo, nie zbliżamy się do nikogo, nikogo nie dotykamy ani też nie przeglądamy cudzych rzeczy osobistych bez pozwolenia.
2. Gdy zewnętrzną granicę kontaktu fizycznego odpowiadającą za opanowanie zastępuje mur, nigdy się do nikogo nie zbliżamy, nigdy nikogo nie dotykamy ani nie zbliżamy się do jego rzeczy osobistych.
3. Gdy zewnętrzna granica kontaktu fizycznego odpowiadająca za opanowanie nie istnieje, co jest równoznaczne z naszym całkowitym brakiem opanowania, zbliżamy się do innych według własnego widzimisię, dotykamy ich bez pozwolenia i nieupoważnieni przeglądamy ich rzeczy osobiste.

Zewnętrzna granica kontaktu seksualnego – OCHRONA

1. Jeśli zewnętrzna granica kontaktu seksualnego odpowiadająca za ochronę funkcjonuje prawidłowo, potrafimy podjąć niezależną decyzję co do tego, z kim, kiedy, gdzie i w jaki sposób podejmiemy kontakt seksualny. Gdy ktoś zbliża się do nas

z zamiarem podjęcia takiego kontaktu, zastanawiamy się, czy mamy na to ochotę, a jeśli tak, to kiedy, gdzie i w jaki sposób go podejmiemy.
2. Gdy zewnętrzną granicę kontaktu seksualnego odpowiadającą za ochronę zastępuje mur, nie reagujemy na zachętę do podjęcia kontaktu seksualnego. Odgradzamy się od wszelkich przejawów seksualności, udajemy, że ich nie zauważamy i odmawiamy wszelkich zachowań seksualnych.
3. Gdy zewnętrzna granica kontaktu seksualnego odpowiadająca za ochronę nie istnieje, nie potrafimy sprzeciwić się żadnej formie kontaktu seksualnego i podejmujemy taki kontakt z każdym, kto nam to zaproponuje.

Zewnętrzna granica kontaktu seksualnego – OPANOWANIE
1. Jeśli zewnętrzna granica kontaktu seksualnego odpowiadająca za opanowanie funkcjonuje prawidłowo, przed podjęciem jakiejkolwiek formy kontaktu seksualnego zawsze pytamy partnera o zgodę.
2. Gdy zewnętrzną granicę kontaktu seksualnego odpowiadającą za opanowanie zastępuje mur, nie podejmujemy nigdy żadnych form kontaktu seksualnego.
3. Gdy zewnętrzna granica kontaktu seksualnego odpowiadająca za opanowanie nie istnieje, próbujemy bez pozwolenia podjąć kontakt seksualny z drugą osobą lub robimy to wbrew jej woli.

6

Bliskość emocjonalna i intelektualna – równowaga jeszcze trudniejsza do osiągnięcia

> *Nie ma miejsca we wspólnej dwojga serc przestrzeni*
> *Dla barier, przeszkód.*
> *Miłość to nie miłość, jeśli,*
> *Zmienny świat naśladując, sama się odmieni*
> *Lub zgodzi się nie istnieć, gdy ktoś ją przekreśli*
> *O, nie: to znak, wzniesiony wiecznie nad bałwany,*
> *Bez drżenia w twarz patrzący sztormom i cyklonom...*
>
> William Szekspir, Sonet CXVI
> (przeł. Stanisław Barańczak)

W poprzednim rozdziale omówiliśmy zewnętrzne granice kontaktu fizycznego i seksualnego w kontekście poszukiwania fizycznej bliskości – czy to poprzez czułe gesty, czy też poprzez zachowania seksualne. Zdrowe funkcjonowanie w ramach zewnętrznych granic kontaktu fizycznego jest o wiele prostsze niż funkcjonowanie w złożonym systemie wewnętrznych granic bliskości emocjonalnej i intelektualnej; to, w jaki sposób je wytyczamy, zależy właśnie od naszych głęboko ukrytych emocji i oczekiwań, wynikających często z bardzo nieczytelnych i skomplikowanych wspomnień z naszego dzieciństwa.

To, co jest dla nas prawdą, zależy od naszego postrzegania rzeczywistości w danym momencie. Mówiąc prawdę, staramy się jak najlepiej wyrazić to, co akurat dzieje się w naszym sercu i umyśle.

Pomimo naszego subiektywnego postrzegania prawdy musimy postępować zgodnie z tym, w co szczerze wierzymy – w przeciwnym razie nie uda nam się zbudować z nikim prawdziwej bliskości. Prawda zawarta w naszym indywidualnym postrzeganiu rzeczywistości powinna być przez nas przyjmowana z całą pokorą.

Aby móc okazywać partnerowi miłość i szacunek, musimy czuć się dobrze w jego towarzystwie. Podobnie nasz partner może nas kochać i szanować tylko wtedy, gdy dobrze się z nami czuje. Jest to możliwe tylko wtedy, gdy potrafimy wytyczać granice umożliwiające nam przekazywanie i odbieranie prawdy bez bólu, strachu i złości. Bardzo często uznajemy zdolność komunikowania się z drugim człowiekiem za coś oczywistego. W rezultacie nie zdajemy sobie sprawy z tego, jak trudno jest o porozumienie w związku dwojga ludzi. Prawdziwy związek wymaga dojrzałości i umiejętności. Na szczęście dojrzałość przychodzi wtedy, gdy opanujemy potrzebne umiejętności. Wytyczanie granic jest ważnym narzędziem w pracy nad komunikacją emocjonalną, dzięki której możemy cieszyć się bliskością z partnerem.

Gdy przekazujemy sobie nawzajem myśli i emocje, wytyczamy dwa rodzaje granic: *wewnętrzną granicę dotyczącą słuchania* oraz *wewnętrzną granicę dotyczącą mówienia*. Winę za większość nieudanych związków ponoszą partnerzy, u których zawiodła sztuka wytyczania granic i którzy nie potrafią mówić lub słuchać w oderwaniu od wspomnień swoich traumatycznych przeżyć. Funkcja wewnętrznej granicy dotyczącej słuchania polega na chronieniu nas przed słowami i emocjami partnera w sytuacji wzajemnej bliskości, podczas gdy wewnętrzna granica dotycząca mówienia w tej samej sytuacji chroni partnera przed naszym przekazem słownym i emocjonalnym.

Kiedy ktoś do nas mówi, kierując w naszą stronę swoje emocje, wewnętrzna granica dotycząca słuchania pozwala nam reagować na jego słowa z uwagą i wrażliwością, a jednocześnie chroni nas przed możliwym fałszywym przekazem, który mógłby sprawić nam ból. Wytyczając sobie tego rodzaju granicę, mamy możliwość selekcjonowania napływających słów i emocji oraz akceptowania tylko tych, które uznamy za stosowne. Ów proces selekcji przebiega

Bliskość emocjonalna i intelektualna...

w oparciu o naszą wiedzę na temat naszego prawdziwego „ja" i zależy od tego, jak blisko „swojej" prawdy jesteśmy. W ten sposób, chroniąc własną tożsamość, chronimy jednocześnie swoją samoocenę – to gest wyrażający nasz szacunek wobec samych siebie. Aby nasza wewnętrzna granica dotycząca słuchania funkcjonowała prawidłowo, nie możemy czuć się do niczego zmuszani ani fizycznie, ani seksualnie. Nie możemy pozwolić, żeby ktoś naruszał naszą granicę kontaktu fizycznego ani sami nie powinniśmy jej naruszać. Trzeba zachować wystarczająco duży dystans fizyczny, żeby być aktywnie zaangażowanym w rozmowę, ale nie tak duży, aby stwarzać poczucie oddalenia. Jest on nam potrzebny, abyśmy mogli dokonać selekcji napływających przekazów intelektualnych i emocjonalnych. Dystans, jaki zachowujemy w kontaktach z partnerem, może być różny dla różnych osób, dlatego ważne jest, aby obie strony go zaakceptowały. Jeśli ktoś zanadto się do nas zbliża, informujemy go z pełnym szacunkiem, że potrzebujemy więcej przestrzeni. Taka prośba nie jest dla nikogo obraźliwa. Jeżeli zaś chcemy nawiązać z kimś bliższy kontakt fizyczny, mówimy mu o tym i pytamy, czy możemy się do niego zbliżyć.

Następną rzeczą, o jakiej powinniśmy pamiętać, wytyczając wewnętrzną granicę dotyczącą słuchania, jest to, że naszym głównym celem jest poznanie prawdziwych emocji naszego rozmówcy. Mając ten fakt na uwadze, nie będziemy budować wokół siebie muru z powodu niechęci lub obawy przed tym, co możemy usłyszeć; w przeciwnym razie źródło informacji zniknie nam z pola widzenia. Wytężona uwaga i wiara w nasze zdolności poznawcze sprawiają, że partner otwiera się na tyle, by w atmosferze autentycznej bliskości podzielić się swoim prawdziwym „ja", co w końcu jest naszym głównym celem.

Trzecia ważna kwestia: powinniśmy nieustannie przypominać sobie o tym, że nadmierna otwartość może narazić na szwank naszą zdolność selekcji, filtrowania i odrzucania napływających informacji. Musimy umieć stwierdzić, czy to, co słyszymy, jest zgodne z prawdą, fałszywe czy wątpliwe. Słysząc słowa, które uważamy za zgodne z prawdą, dopuszczamy je do siebie, reagujemy na nie emocjonalnie, a następnie staramy się jasno zdefiniować nasze emocje.

Czy odczuwamy gniew, czy strach? Miłość czy pożądanie? Wstyd czy poczucie winy? A może radość? Zaskakujące, jak wiele osób nie zdaje sobie sprawy z odczuwania radości (wielu z nas utożsamia radość z bardzo silnymi emocjami i nie dostrzega jej na przykład w zwykłym poczuciu wewnętrznego spokoju). Odróżnienie od siebie podobnych emocji jest bardzo ważne, lecz nie zawsze łatwe.

Gdy to, co słyszymy, nie jest zgodne z prawdą, nasza wewnętrzna granica umożliwia nam zanegowanie napływających informacji i nie pozwala, aby wzbudziły one w nas niewłaściwe emocje. Nie przyjmujemy tym samym emocjonalnej i intelektualnej odpowiedzialności za to, co nie jest prawdziwe, koncentrujemy się natomiast na tym, co ów fałszywy przekaz mówi nam o naszym rozmówcy. Nawet jednak nie zgadzając się ze słowami partnera, powinniśmy okazać mu szacunek, przyznając mu w ten sposób prawo do wyrażania myśli i emocji, jakiekolwiek by one były. Przyznajemy tym samym, że nasz partner wierzy w to, co mówi, a jednocześnie jesteśmy świadomi, że jest to prawda naszego partnera – nie nasza – która pozwala nam go lepiej poznać. Dzięki temu potrafimy uszanować odrębność partnera, chociaż przyjmujemy do wiadomości tylko te elementy jego przekazu, które są zgodne wyłącznie z naszym postrzeganiem prawdy. Nie bierzemy zatem do siebie opinii partnera, który też ma prawo mieć inne zdanie niż my.

Weryfikacja przekazu pod względem jego prawdziwości i akceptowalności dotyczy nie tylko wyrażanych przez naszego rozmówcę myśli. Musimy być fizycznie świadomi kierowanej w naszą stronę emocjonalnej energii. Trzeba pamiętać, że emocje przybierają formę energii. Dzięki zdolności empatii przyjmujemy wysyłaną ku nam energię drugiego człowieka i identyfikujemy się z jego odczuciami (współodczuwamy). Właściwie funkcjonująca granica dotycząca słuchania daje nam czas na zdefiniowanie napływających ku nam emocji i podjęcie decyzji, czy i w jakim stopniu będziemy współodczuwać z naszym rozmówcą. Przesadna empatia nie jest dobra, ponieważ tracimy wówczas kontakt z własnymi odczuciami.

Kiedy na przykład jesteśmy zmęczeni, a nasz partner wysyła w naszą stronę emocjonalne sygnały mówiące, że powinniśmy znaleźć w sobie energię i wraz z nim przeżywać intensywne emocje, najlepszym rozwiązaniem jest wycofanie się. Można to nazwać przenośnie „przerwą w grze" – dajemy partnerowi jasno do zrozumienia, że nie jesteśmy gotowi na równie silne emocje. Jeśli tego nie zrobimy, zmęczymy się jeszcze bardziej, a dotrzymując kroku partnerowi w jego „grze", zaczniemy odczuwać gniew lub może żal, że udajemy, zamiast powiedzieć prawdę.

Wewnętrzna granica dotycząca mówienia jest nam potrzebna wtedy, gdy zbliżamy się do partnera, chcąc wyrazić swoje myśli lub uczucia. Opanowanie pozwala nam wówczas przekazać prawdę w sposób, który nie jest ani wybuchowy, ani obraźliwy dla partnera. Naszym głównym celem powinien być zgodny z prawdą komunikat, przekazany bez żadnych manipulacji i ukrytych podtekstów. Manipulacja jest toksyczna, wyraża naszą skłonność do kontrolowania innych i niszczy bliskość. Musimy pamiętać, że mówimy nie po to, aby kontrolować czy manipulować, ale aby dać się poznać.

Chcąc szczerze wyrazić swoje uczucia, musimy być precyzyjni i opisywać przeżycia zgodnie z tym, co zobaczyliśmy, usłyszeliśmy, czego spróbowaliśmy, co odczuliśmy na własnej skórze i tak dalej. Nie należy używać wartościujących określeń, mogących wywołać pożądany przez nas efekt. Poniżej zamieszczam przykład emocjonalnego zachowania takiej osoby, która nie korzysta z wewnętrznej granicy dotyczącej mówienia.

Mary chce porozmawiać z Johnem o czymś, co sprawiło jej przykrość. Mówi zatem:

> Gdy weszłam do tej twojej *nory, ta dziwka* na tobie *wisiała*, podczas kiedy ty gadałeś przez telefon ze swoją *durną* matką. Od razu wiedziałam, że coś *zmalowałeś*.

Taka wypowiedź z pewnością nie nastroi Johna do wysłuchania tego, co Mary chce – mając do tego pełne prawo – powiedzieć mu na temat jego zachowania.

Gdyby Mary powiedziała coś w rodzaju:

> Kiedy weszłam do twojego mieszkania, zobaczyłam kobietę, stojącą bardzo blisko ciebie, podczas gdy ty rozmawiałeś z matką przez telefon. Poczułam, że nie jestem dla ciebie ważna, zabolało mnie to i byłam zła.

Gdyby wewnętrzna granica Mary odpowiedzialna za mówienie funkcjonowała właściwie, tak jak w drugim przykładzie, John mógłby się z nią podzielić swoimi przemyśleniami i odczuciami na temat jej wypowiedzi. W drugim przykładzie żadne wypowiadane przez Mary zdanie nie jest kontrowersyjne, a co za tym idzie, nie można go zanegować. Mary powiedziała, że weszła do mieszkania i zobaczyła stojącą blisko Johna kobietę, podczas gdy on rozmawiał z matką przez telefon; dodała, że poczuła się nieważna, co ją zabolało i rozgniewało. Jeśli John właściwie korzysta ze swojej wewnętrznej granicy dotyczącej słuchania, zrozumie, że Mary odebrała sytuację w taki, a nie inny sposób i to ją zabolało oraz bardzo rozgniewało. Jeżeli zależy mu na bliskości z Mary, będzie się starał dowiedzieć, dlaczego tak się poczuła i jaki był w tym jego udział.

Mary podzieliła się z nim swoimi odczuciami i wysłuchawszy jej, John może teraz zrobić to samo. Oboje są świadomi istnienia problemu. Mogą się więc skoncentrować intelektualnie i emocjonalnie na tym, by z szacunkiem przedstawić własne wersje prawdy w jak najprostszy i jak najbardziej czytelny sposób. Potrafią opanować emocje, aby nie przytłaczać się wzajemnie pogardą, gniewem czy strachem. Atmosfera pozostaje czysta. Obie strony przedstawiają swoją prawdę, wyrażając w ten sposób miłość własną. Obie strony słuchają prawdy, wyrażając swój szacunek i miłość do partnera. Ich komunikacja jest oparta na wzajemnej bliskości; dzięki niej możliwa jest miłość.

Bliskość, pozwalająca odkryć miłość w związku, jest sposobem na odkrywanie miłości w każdym człowieku. Wytyczanie zdrowych granic rodzi relacje oparte na miłości i pomaga je utrzymać; pomaga też uświadomić sobie, że wszyscy mamy wewnętrzną wartość. Można ją wielokrotnie odkrywać, lecz nigdy nie można jej zniszczyć. Źródłem miłości jest Siła potężniejsza od nas. Zrozumienie tej prawdy oznacza wejście na ścieżkę duchowego rozwoju.

Fundamentalne zasady niedopuszczania do naruszenia wewnętrznych granic dotyczących słuchania i mówienia

1. W żaden sposób – ani słowem, ani uczynkiem – nie dawaj nikomu do zrozumienia, że jest niewiele wart. Takie zachowanie nazywamy poniżaniem drugiego człowieka.
2. Na nikogo nie podnoś głosu ani nie krzycz.
3. Nikogo nie wyśmiewaj.
4. Nie kłam.
5. Nie łam obietnic bez powodu.
6. Nie próbuj nikogo kontrolować ani nikim manipulować.
7. W sytuacji wzajemnej bliskości nie bądź sarkastyczny. Przymiotnik „sarkastyczny" pochodzi z języka greckiego i oznaczał kiedyś „obdzieranie ze skóry".
8. Nie przerywaj.

Struktura wewnętrznych granic dotyczących słuchania i mówienia

Poniżej znajdują się przykłady funkcjonowania wewnętrznych granic dotyczących słuchania i mówienia w sytuacjach, kiedy: 1. System granic jest nienaruszony. 2. Istnieje mur. 3. Występuje całkowity brak granic.

Wewnętrzna granica dotycząca słuchania – OCHRONA

1. Gdy wewnętrzna granica dotycząca słuchania właściwie spełnia swoją funkcję ochronną, pełni wówczas rolę filtru, przez który przepuszczamy to, co inni do nas mówią, uzyskując prawdziwy obraz sytuacji. Dzięki niej porównujemy to, co słyszymy, z naszą wewnętrzną prawdą i akceptujemy tylko to, co jest z nią zgodne. Jeśli przekaz, który do nas dociera, jest wątpliwy lub nieprawdziwy, nie dopuszczamy go do siebie i nie reagujemy, pozwalając fałszywym słowom lub emocjom spłynąć po nas bez śladu.
2. Gdy istotną wewnętrzną granicę dotyczącą słuchania i pełniącą funkcję ochronną zastępuje mur, nie potrafimy wysłuchać

tego, co ma nam do powiedzenia druga osoba – nawet jeśli jest to ważne.
3. Kiedy wewnętrzna granica dotycząca słuchania i pełniąca funkcję ochronną nie istnieje, bierzemy do siebie wszystko, co słyszymy – nawet jeśli przekaz nie jest zgodny z tym, co uważamy za prawdę – i pozwalamy się ranić.

Wewnętrzna granica dotycząca mówienia – OPANOWANIE

1. Gdy wewnętrzna granica dotycząca mówienia i odpowiadająca za nasze opanowanie funkcjonuje właściwie, umiemy przekazywać prawdę w sposób pełen szacunku. Staramy się być uprzejmi i zachowywać się dyplomatycznie.
2. Gdy wewnętrzną granicę dotyczącą mówienia i odpowiadającą za nasze opanowanie zastępuje mur, nigdy nie mówimy o tym, co jest dla nas ważne.
3. Gdy wewnętrzna granica dotycząca mówienia i odpowiadająca za opanowanie nie istnieje, mówimy, co nam przyjdzie do głowy, nie dbając o to, czy nasz przekaz jest zgodny z prawdą i czy wyraża nasz szacunek do rozmówcy.

7
Zabawa we wzajemne obwinianie

> *Nie gadaj mi o bluźnierstwie, człowieku; uderzyłbym słońce, gdyby mnie znieważyło. Bo jeśliby mogło to uczynić, tedy i ja mógłbym zrobić swoje.*
> Herman Melville, kapitan Ahab
> w *Moby Dicku*
> (przeł. Bronisław Zieliński)

Bliskość wymaga, abyśmy tak formułowali nasze komunikaty, żeby były one komfortowe dla naszego partnera. Nasz partner również powinien formułować swoje komunikaty w taki sposób, abyśmy odbierając je, czuli się komfortowo. Taka wymiana, mająca na celu budowanie poczucia bliskości i komfortu, wymaga od partnerów zaangażowania, lojalności i współpracy.

Opracowanie fundamentalnych zasad sprzyjających bliskości nie jest łatwe, trzeba więc być na tyle zaangażowanym w związek, aby przetrzymać wszelkie trudności do czasu znalezienia właściwego rozwiązania. Jak to mówią w AA: „Nie odchodź, zanim nie zdarzy się cud".

Musimy być lojalni. Lojalność polega na wspieraniu partnera w jego konfliktach z innymi. Może to być trudne w sytuacji, kiedy uważamy, że partner zajął niesłuszne stanowisko lub kiedy w czasie, gdy jesteśmy świadkami konfliktu partnera z kimś innym, nie układa nam się w związku. Nachodzi nas wówczas pokusa, aby zranić partnera, przyznając rację stronie przeciwnej. Możemy też mieć ochotę powiedzieć partnerowi, co o nim myślimy, przy jego oponencie. W takich sytuacjach szczególnie ważna staje się sztuka dyplomacji, będąca również elementem polityki. Zazwyczaj nie myślimy o polityce w kontekście duchowości, ale w naszych intymnych związkach odgrywa ona istotną rolę.

Dzieląc się z drugim człowiekiem naszymi myślami, emocjami czy naszym ciałem, musimy postępować roztropnie i dyplomatycznie, decydować o tym, jakie informacje zamierzamy ujawnić i przekazać partnerowi – działamy wówczas w jak najlepszym interesie naszego związku. Taka kontrolowana przez nas bliskość jest możliwa tylko wtedy, gdy nasze granice – wewnętrzne i zewnętrzne – funkcjonują prawidłowo.

Powinniśmy się kilka razy zastanowić, zanim ujawnimy potencjalnie niszczącą prawdę na swój temat, na przykład powiemy partnerowi, że trzymamy stronę jego oponenta. Dyplomacja w związku służy dobru wzajemnych relacji, natomiast roztropność pozwala nam chronić samych siebie. Nie byłoby na przykład roztropnie ani dyplomatycznie powiedzieć żonie, że pociąga nas seksualnie jej najlepsza przyjaciółka i że często wyobrażamy ją sobie w intymnej sytuacji. Nie byłoby to ani roztropne, ani dyplomatyczne nawet gdyby taka była prawda. Zachowując tego typu informacje w tajemnicy przed partnerem, chronimy samych siebie (postępujemy roztropnie) i chronimy nasz związek (postępujemy dyplomatycznie).

Jednym z najskuteczniejszych sposobów niszczenia bliskości oraz przykładem wyjątkowo niedyplomatycznego zachowania jest *zabawa we wzajemne obwinianie*. Wynika ono z naszej głębokiej niedojrzałości.

Jako dzieci przypominamy czystą kartkę papieru – stan ten filozofowie określają mianem *tabula rasa*. Na tym etapie naszego rozwoju jesteśmy całkowicie zależni od rodziców, również jeśli chodzi o naukę wyrażania emocji i wzorce zachowań składające się na naszą osobowość. W tym okresie życia zależność jest stanem naturalnym. Kiedy jednak ten stan utrzymuje się w życiu dorosłym, kosztem naszego „ja" podejmującego niezależne decyzje i generującego w nas emocje, zależność zmienia się we współuzależnienie i staje się przyczyną emocjonalnych problemów w związkach. Właściwie funkcjonujące, zdrowe granice pozwalają nam kroczyć własną drogą i nie obwiniać innych za to, jak się czujemy. Pozwalają nam być sobą. Przestajemy wówczas winić innych za to, co dzieje się z naszym ciałem – zarówno w sferze czysto fizycznej, jak i seksualnej. Nie obwiniamy też nikogo za to, co myślimy i co czujemy oraz jakie decyzje podejmujemy.

Zdrowa granica dotycząca mówienia może być bardzo przydatna w sytuacjach, gdy musimy jasno określić źródło naszych emocji. Wyobraźmy sobie, że podczas służbowego spotkania, na którym Peter przedstawia swoją prezentację, Susan wstaje gwałtownie od stołu i opuszcza pomieszczenie. Peterowi bardzo się to nie podoba. Jeśli nie ma wprawy w wytyczaniu granic, a zwłaszcza w posługiwaniu się granicą dotyczącą mówienia, podejdzie po spotkaniu do Susan i powie coś w tym rodzaju:

> Upokorzyłaś mnie, wychodząc w ten sposób z sali na oczach wszystkich. Nawet nie pomyślałaś o tym, jak będę się czuł. Wkurzyłaś mnie. Teraz wszyscy się ze mnie śmieją.

Prawda była taka, że Susan wyszła, ponieważ musiała skorzystać z toalety, a wszyscy zebrani uważali, że prezentacja Petera była doskonała. Ponieważ nasz odbiór rzeczywistości jest tak bardzo uzależniony od indywidualnego postrzegania, właściwie funkcjonująca granica dotycząca mówienia daje nam umiejętność ograniczenia się tylko do bezspornych faktów.

Peter mógłby więc powiedzieć po spotkaniu (ustaliwszy najpierw taki dystans fizyczny, który byłby komfortowy zarówno dla niego, jak i dla Susan):

> Susan, gdy wyszłaś z sali, podczas kiedy ja prezentowałem swój raport zebranym, poczułem się zlekceważony. Było mi przykro, czułem wstyd i gniew.

Zwróćmy uwagę na to, że Peter nie mówi Susan, że to przez nią czuł się tak, a nie inaczej. Mówi natomiast, że gdy zrobiła to, co zrobiła, on zinterpretował jej zachowanie w taki, a nie inny sposób i ogarnęły go takie, a nie inne emocje. Źródło przeżywanych przez niego emocji tkwiło w nim samym. Susan nie była za nie odpowiedzialna. Prawdę mówiąc, Peter mógłby jeszcze inaczej zinterpretować zachowanie Susan, mówiąc jej:

> Susan, kiedy wyszłaś z sali, podczas gdy ja prezentowałem swój raport zebranym, odczytałem to jako sygnał, że stanowię dla ciebie zagrożenie. Poczułem radość, ale było mi też przykro. Cieszyłem się, ponieważ twój strach był dla mnie dowodem mojej silnej pozycji w firmie. Było mi też przykro, ponieważ współodczuwałem twoje emocje.

Obie wypowiedzi Petera jasno pokazują, że to jego emocje ulegały zmianie, a nie emocje Susan.

Nie możemy również pozwolić nikomu się obwiniać za to, jak się przez nas czuje. Nie możemy brać odpowiedzialności za nic, co dzieje się w umysłach, sercach i ciałach innych ludzi ani za decyzje, jakie podejmują. Pamiętajcie o tym następnym razem, gdy ktoś zarzuci wam: „Przez ciebie boli mnie głowa". Jeżeli podejdziemy do tej uwagi ze zdrowym dystansem, zrozumiemy, że nasz rozmówca odebrał jakieś nasze zachowanie w sposób budzący w nim określone emocje. Nie wiemy jeszcze, jakie to emocje. Nasz rozmówca prawdopodobnie sam tego nie wie. Mówi, że boli go bardzo głowa. Możemy wykazać zainteresowanie i próbować dowiedzieć się, co wywołało ów ból głowy, ale nie możemy przyjmować odpowiedzialności za jego spowodowanie.

Jedynym wyjątkiem od tej reguły jest sytuacja, gdy znajdujemy się w towarzystwie osoby, która straciła wszelkie hamulce i zaczyna nas atakować, a jej ataki powodują tak duże szkody, że mamy pełne prawo obarczyć tę osobę winą za konsekwencje jej zachowania. W pozostałych sytuacjach powinniśmy szukać źródeł naszych emocji w sobie, a nie w innych. Niczym kapitan Ahab, którego cytowałam na początku tego rozdziału, winą za wszystkie swoje problemy obarczamy białego wieloryba i jak Ahab bluźnimy przeciw samym sobie, pozbywając się moralnej odpowiedzialności za własne emocje.

Fundamentalne zasady unikania wzajemnego obwiniania

1. Nie obwiniaj innych za to, co się dzieje z twoim ciałem.
2. Nie obwiniaj innych za to, co myślisz.
3. Nie obwiniaj innych za to, co czujesz.
4. Nie obwiniaj innych za decyzje, które podejmujesz.

8

Granice dotyczące mówienia i słuchania

Ten rozdział będzie bardzo praktyczny. Może nawet chwilami przypominać rubrykę z poradami z prasy kobiecej. Nie mam nic przeciwko prasie kobiecej z wyjątkiem tego, że oferowane tam porady są zazwyczaj oczywiste i całkowicie bezużyteczne. Kiedy na przykład mąż źle cię traktuje, kolorowy magazyn radzi, aby nie zapominać, jak bardzo mąż jest ci drogi. Kiedy odczuwasz przymus wydawania pieniędzy, ponieważ poprawia ci to samopoczucie, dowiadujesz się, że pieniądze nie są istotne – ważna jest twoja samoocena. Kiedy zaś w krępujących sytuacjach ratujesz się kłamstewkami, możesz przeczytać, że uczciwość jest w życiu najważniejsza.

Prawda jest taka, że wszyscy chcemy być lepsi, ale większość nie chce się zmienić. Wydaje nam się to zbyt trudne, zbyt ryzykowne albo też zbyt szokujące. Jak powiedział mi kiedyś pewien dowcipny terapeuta: „Zapominamy o tym, że jeśli nie zmienimy kursu, dojdziemy tam, dokąd zmierzamy".

Tymczasem wszyscy, którzy szukają duchowego spokoju, mogą wykonać olbrzymi krok naprzód, poznając owe metody pozwalające chronić nasze granice dotyczące mówienia i słuchania, dzięki czemu pozostają one nienaruszone. Prawidłowo funkcjonujące granice nie dopuszczają do nas toksycznych przekazów z zewnątrz (ochrona przed tym, co słyszymy) oraz uniemożliwiają nam wysyłanie toksycznych przekazów na zewnątrz (umiar w mówieniu). W ten sposób *automatycznie osiągamy wewnętrzną równowagę*, *będącą odbiciem prawdy i szacunku*. W tych *sztucznie* stworzonych warunkach, będących owocem prawidłowo funkcjonujących granic, rodzi się to, co *prawdziwe*. Członkowie klubów AA często słyszą, że dobre czyny rodzą dobre emocje: „Udawaj, dopóki nie staniesz się autentyczny". Dzieje się tak, ponieważ – jak już wspominałam na początku tej książki – zdrowy system granic pozwala nam doświadczać prawdy i szacunku.

Na tym właśnie polega rola granic dotyczących słuchania i mówienia: zmieniają nasze życie od wewnątrz. Początkowo wytyczanie tych granic może nam się wydawać czymś sztucznym; jest to działanie tak bardzo odbiegające od naszych zwykłych zachowań w związku, że wydaje nam się nieprawdziwe. Na szczęście z czasem wytyczanie granic nabiera cech autentycznego zachowania, a kiedy tak się dzieje, możemy cieszyć się w związku prawdziwą bliskością. To dodatkowa korzyść wynikająca z wejścia na ścieżkę duchowego rozwoju, którą trudno przecenić.

Fundamentalne zasady wytyczania wewnętrznej granicy dotyczącej mówienia

1. Wytycz zewnętrzną granicę kontaktu fizycznego, aby czuć się swobodnie w trakcie rozmowy.
2. Pamiętaj, abyś nikogo nie obwiniał.
3. Pamiętaj, że dzielisz się informacjami po to, aby dać się poznać drugiej osobie, a nie aby nią manipulować czy kontrolować ją.
4. Nie zapominaj o panowaniu nad emocjami – pomoże ci w tym specjalna technika oddechowa: gdy poczujesz silne emocje, weź głęboki wdech.
5. Relacjonując wydarzenia lub dzieląc się swoimi myślami lub uczuciami, nie używaj poniżających słów (mów o tym, co przekazały ci zmysły, co widziałeś lub słyszałeś, np. „Telewizor gra długo i głośno").
6. Mów o tym, o czym jesteś przekonany, lub o swojej interpretacji tego, co widziałeś lub słyszałeś (przemyślenia: „Odebrałem to w taki sposób, że nie zależy ci na mojej wygodzie").

7. Mów o swoich odczuciach, o tym, jak się czujesz lub jak się poczułeś w związku z tym, o czym pisałam w punkcie 6. (odczucia: „Poczułem gniew i wstyd").
8. Powiedz, co zrobiłeś w związku ze swoimi przemyśleniami (określonymi w punkcie 5.) i odczuciami (określonymi w punkcie 6.): „Postanowiłem porozmawiać z tobą o twoim zachowaniu podczas oglądania telewizji i o związanych z tym moich odczuciach".
9. Jeśli zachodzi taka potrzeba, powiedz, co chciałbyś zmienić. Jeżeli konieczne są negocjacje, zacznij od określenia problemu, zaproponuj rozmaite rozwiązania, wybierz jedno; zastosuj to rozwiązanie w praktyce. Oceń rezultaty, aby przekonać się, czy konieczne są dalsze negocjacje.

Zanim zaczniemy z kimś rozmawiać, ważne jest ustalenie dystansu pomiędzy nami a tą osobą, który zapewni nam niezbędny komfort. Nazywamy to wytyczaniem zewnętrznej granicy dotyczącej kontaktu fizycznego, czyli granicy, która zapewnia nam komfortową odległość od rozmówcy.

W ocenie właściwego dystansu pomagają nam odczucia zmysłowe. Jeżeli stoimy zbyt blisko, to rozpoczynając rozmowę na niewygodny temat, poczujemy silną potrzebę odchylenia się lub odsunięcia. Mamy wtedy wrażenie, że gdy zaczniemy mówić, słowa zostaną nam z powrotem wepchnięte do gardła. Jeżeli dla odmiany stoimy za daleko, możemy zauważyć, że nasze ciało wysyła nam sygnały nakazujące przesunięcie się lub nachylenie do przodu. W ten sposób ciało pomaga nam określić stosowną odległość dzielącą nas od rozmówcy.

Wyobraźmy sobie na przykład taką sytuację: Michelle chce porozmawiać ze swoim mężem Markiem o tym, co w jej obecności robił ze swoją byłą żoną. Michelle wie, że Mark nie chce o tym rozmawiać i że prawdopodobnie wpadnie w złość. Wie również, że nie chce zanadto się do niego zbliżać. Powinna zatem pomyśleć nie tylko o tym, co chce mu powiedzieć, ale też o jego wcześniejszym zachowaniu w trakcie podobnych rozmów i na podstawie własnych emocji określić dystans, jaki powinien ich dzielić podczas rozmowy.

Granice dotyczące mówienia i słuchania

Widząc więc, że mąż stoi w kuchni, która ma kształt litery U, z blatem przy jednej ze ścian, w pierwszym odruchu Michelle może wyjść z domu bocznymi drzwiami i prowadzić rozmowę przez kuchenne okno. Nie byłaby to jednak właściwa decyzja. Lepiej byłoby stanąć po drugiej stronie blatu, dzięki czemu dzieliłoby ich kilka metrów. Poza tym blat stanowiłby dodatkową barierę pomiędzy nimi, Michelle mogłaby zbliżyć się do Marka, gdyby tego chciała, lecz nie na tyle, by czuć się zagrożoną przez jego negatywną energię.

Michelle powinna z pewnym wyprzedzeniem określić dystans, jaki ma ją dzielić od męża. Powiedzmy, że stoi za blatem, kilka metrów od Marka, który z kolei stanął przy kuchence. Zasada numer dwa przypomina Michelle, że nie powinna go obwiniać za to, o czym w tej chwili myśli ani co czuje w związku ze swoimi przemyśleniami, ani też o to, co pragnęłaby zrobić w związku ze swoimi odczuciami i przemyśleniami.

Konstruując zdania opisujące swoje myśli i emocje, to, co zrobiła lub co chciałaby zrobić, Michelle nie powinna używać zwrotu „przez ciebie" (np. „Zrobiłeś to, co zrobiłeś, i *przez ciebie* poczułam złość lub smutek, szczęście, poczułam się beznadziejna"). Musi również pamiętać, aby nie mówić nic w rodzaju: „Kiedy zobaczyłam, co robisz, poczułam się *przez ciebie* tak i tak albo *przez ciebie* pomyślałam to i to". Musimy być zawsze odpowiedzialni za własne myśli, spostrzeżenia, emocje i zachowania.

Trzecia kwestia, o której należy pamiętać, leży u podstaw procesu wytyczania granic i jest jedną z najważniejszych rzeczy, na których powinniśmy się skoncentrować: celem naszej rozmowy z partnerem jest umożliwienie mu poznania prawdy o nas, nigdy zaś kontrola lub manipulacja. Większość ludzi, rozmawiając na trudne tematy, czuje silną potrzebę manipulowania rozmówcą lub kontrolowania go. Pragną osiągnąć pewien konkretny cel poprzez to, co mówią. Chcąc się przekonać, czy nie staramy się manipulować partnerem lub go kontrolować, wystarczy zadać sobie pytanie: „Czy nie mówię tego, żeby osiągnąć to i to?". W tym wypadku słowem kluczem jest wyraz „żeby". Jeśli „żeby" jest obecne w naszej świadomości, oznacza to, że chcemy osiągnąć konkretny cel i prawdopodobnie będziemy starali się go osiągnąć.

Jeżeli podczas rozmowy zorientujemy się, że używamy manipulującego wyrazu „żeby", powinniśmy przyznać przed sobą, że zależy nam na zmianie zachowania drugiej osoby oraz zmianie istniejącego stanu rzeczy. Powinniśmy przyznać się do tego również naszemu rozmówcy. Michelle mogłaby na przykład powiedzieć:

> Posłuchaj, Mark. Chciałabym podzielić się z tobą pewnymi swoimi spostrzeżeniami, przemyśleniami i odczuciami, związanymi z tym, co się wydarzyło w ubiegłym tygodniu pomiędzy tobą a Nicole. Zanim to jednak zrobię, chcę, abyś wiedział, że staram się kontrolować przebieg tej rozmowy. Naprawdę zależy mi na jej wyniku. Chciałabym, żebyś zmienił pewne swoje zachowania – bardzo mi na tym zależy. Muszę to przyznać. Jednocześnie chcę ci powiedzieć, że masz prawo być taki, jaki jesteś, a ja nie mam prawa cię kontrolować ani manipulować twoim zachowaniem, żebyś stał się taki, jak tego oczekuję. Chcę, abyś to wiedział, ponieważ nie będę całkowicie obiektywna w tym, co ci powiem.

Wyznając w szczery sposób prawdę o myślach i uczuciach, pozbywamy się przywiązania do wyniku rozmowy i dostrzegamy, że nasz partner jest drogą nam osobą, która ma prawo być tym, kim jest, my zaś mamy prawo dzielić się z partnerem prawdą o nas samych. Chociaż chcielibyśmy, żeby nasz partner się zmienił, nie możemy mówić mu, jak ma żyć (wyjątkiem od tej zasady są przypadki naruszania granic, gdy na przykład ktoś dopuszcza się fizycznych, psychicznych czy słownych nadużyć względem nas, bezpośrednio atakując nasze poczucie własnej wartości, co często łączy się z krzykiem i wyzwiskami).

Bardzo ważne jest, aby podczas rozmowy panować nad przeżywanymi emocjami i nie dopuścić do ich zbytniego nasilenia. W tym momencie wprowadzamy w czyn zasadę numer cztery. Jeżeli nie staramy się głęboko oddychać, gromadząca się w nas negatywna energia zaczyna wtedy emanować i uderza w naszego partnera.

Zasada piąta polega na wytyczeniu właściwej granicy dotyczącej mówienia. Relacjonujemy swoje spostrzeżenia, a następnie mówimy o tym, czego byliśmy świadkami. To tak zwane dane sensoryczne: to, co widzieliśmy na własne oczy i słyszeliśmy na własne uszy; to, co poczuliśmy własnym nosem, czego spróbowaliśmy językiem i co poczuliśmy na własnej skórze. Jak zwykł mawiać Joe Friday[2], „Liczą się fakty".

Trzeba bardzo uważać, aby nie używać słów poniżających partnera ani nikogo, kto w jakikolwiek sposób jest związany ze sprawą. Gdyby na przykład Michelle nie stosowała się do fundamentalnych zasad, fragment jej rozmowy z Markiem mógłby brzmieć następująco:

> Wczoraj wieczorem zachowałeś się bezmyślnie, wróciłeś późno do domu i nawet nie pomyślałeś, aby mnie wcześniej uprzedzić. Wpadłeś do środka jak nosorożec, trzaskając drzwiami, i jak jakiś kompletny idiota poszedłeś prosto do sypialni, nie odzywając się do mnie jednym słowem.

Określenia „nosorożec" oraz „idiota" są poniżające. Michelle powinna z szacunkiem powiedzieć Markowi, co sądzi o jego zachowaniu.

> Wczoraj wieczorem wróciłeś późno do domu. Obiecałeś, że zadzwonisz i uprzedzisz mnie, gdybyś miał się spóźnić, ale tego nie zrobiłeś. Kiedy otworzyłeś drzwi, zrobiłeś to tak gwałtownie, że uderzyły o ścianę. Potem, nie odzywając się do mnie słowem ani nawet na mnie nie patrząc, przeszedłeś przez kuchnię i przedpokój i wszedłeś do sypialni.

W powyższym przykładzie Michelle nie użyła słów, które w jakikolwiek sposób dawałyby Markowi do zrozumienia, że jest gorszy. Dokładnie tylko zrelacjonowała swoje obserwacje, nie dodając własnych komentarzy.

Następną rzeczą, jaką Michelle mogłaby powiedzieć, byłaby jej opinia o zachowaniu Marka (zasada numer sześć). Oto przykład dysfunkcjonalnej wypowiedzi:

> Jesteś niewrażliwy i egoistyczny, obraziłeś mnie.

Funkcjonalna wypowiedź brzmiałaby:

> Po pierwsze, nie wywiązałeś się z naszej umowy – wiedząc, że się spóźnisz, miałeś zadzwonić i mnie uprzedzić. Myślę więc, że łamiąc dane słowo, okazałeś mi brak szacunku.

---

[2] Detektyw Joe Friday – bohater popularnego amerykańskiego serialu sensacyjnego z lat 60. pt. *Dragnet* (przyp. tłum.).

W ten sposób Michelle unika poniżania Marka i relacjonuje tylko własne odczucia.

Następny etap rozmowy podlega zasadzie numer siedem. Michelle powinna powiedzieć Markowi o swoich odczuciach związanych z sytuacją, którą właśnie zrelacjonowała zgodnie z zasadą numer sześć, to jest o niewywiązaniu się Marka z umowy i o tym, że odebrała to jako dowód jego poczucia winy w związku z jego zachowaniem poprzedniej nocy.

> Poczułam złość i strach.

Zwróćmy uwagę na to, że mówiąc o swoich uczuciach i przemyśleniach, zgodnie z zasadami numer sześć i siedem Michelle ani razu nie użyła zwrotu „przez ciebie".

Gdyby na podstawie swoich przemyśleń Michelle podjęła jakieś działania (zasada numer osiem), powinna powiedzieć Markowi o tym, jak zareagowała w związku ze swoimi obserwacjami i przemyśleniami.

> Zadzwoniłam do ciebie do biura, żeby sprawdzić, czy jeszcze tam jesteś, ale nikt nie odbierał.

Michelle oczekuje od Marka innego zachowania, lecz mówi raczej o tym, co by wolała:

> Na przyszłość wolałabym, żebyś dzwonił i uprzedzał mnie, jeśli wiesz, że wrócisz późno. Wolałabym również, abyś po powrocie do domu dawał mi odczuć, że mnie zauważasz, zamiast mijać mnie bez słowa i iść prosto do sypialni.

Michelle mówi „wolałabym", ponieważ nie ma prawa kontrolować zachowania Marka po powrocie do domu ani tego, co on mówi lub czego nie mówi.

Łamiąc zawartą z Michelle umowę o informowaniu jej o późnym powrocie do domu, Mark naruszył wytyczoną przez nią granicę. Kiedy coś komuś obiecujemy, a następnie łamiemy obietnicę bez słowa wyjaśnienia, naruszamy granice wytyczone przez tę właśnie osobę. Michelle mogłaby wtedy skomentować to w następujący sposób:

Granice dotyczące mówienia i słuchania

Kiedy nie dotrzymałeś danego mi słowa, poczułam, że naruszyłeś wytyczoną przeze mnie granicę. Proszę, żebyś nie składał mi obietnic, które potem łamiesz, bo w ten sposób popełniasz nadużycie wobec mnie.

Podstawową sprawą, o jakiej trzeba pamiętać, chcąc utrzymać prawidłowo funkcjonujące granice, jest opanowanie – *opanowanie wyrażające szacunek dla drugiego człowieka* – tak, aby z naszych ust nie padło żadne obwiniające słowo. Nie może być mowy o kontrolowaniu rozmówcy ani też manipulowaniu nim. Inną rzeczą, na której trzeba się skoncentrować, jest unikanie protekcjonalnych, lekceważących i sarkastycznych sformułowań, które zawstydzają i poniżają naszego rozmówcę. Używając takich sformułowań, popełniamy nadużycie – stawiamy się na pozycji lepszego, patrzącego z góry na swojego rozmówcę. Taka postawa uniemożliwia bliskość i świadczy o problemach z samooceną, która jest w takim wypadku znacznie zawyżona.

Podtrzymywanie wytyczonych granic wymaga energii. Musimy być nieustannie czujni i gotowi w praktyce stosować naszą wiedzę dotyczącą zdrowych granic. Jednak nawet posiadając spore doświadczenie w ich wytyczaniu, możemy ulec naszej doskonale niedoskonałej naturze i pozwolić, aby słowa partnera wzbudziły w nas poczucie poniżenia, a co za tym idzie także ból, wstyd, złość lub strach. Pozwalając się zranić, generujemy w sobie negatywne emocje, które należy opanować za pomocą techniki redukowania emocji. Dzięki niej negatywne emocje nie wydostają się na zewnątrz i nie przenoszą na naszego partnera. Technika redukowania złych emocji polega na uwalnianiu ich z wydychanym powietrzem i pozbywaniu się nadmiaru toksycznej energii. Wygląda to w następujący sposób: powoli, głęboko wciągamy powietrze i w wyobraźni nadajemy odczuwanym emocjom fizyczny kształt. Niech unosi się przed naszymi oczami. Następnie wydmuchujemy w niego powietrze i pozwalamy mu ulecieć. Wyobrażamy sobie, że przepływa przez nas niczym duch. W ten sposób nie pozwalamy, aby odczuwane przez nas emocje stawały się toksyczne, skaziły powietrze i przeniosły się na naszego partnera.

Wdychając powietrze, a wraz z nim odczuwane przez nas emocje, bezpośrednio odczuwamy, co ktoś o nas powiedział, i w ten sposób uczymy się *pokory*: zdajemy sobie sprawę, że nigdy na dobre nie uwolnimy się od swojej traumatycznej przeszłości, że zawsze będziemy mieć w sobie ślady nadużyć doznanych w dzieciństwie. Nie jesteśmy doskonali, ale możemy być przynajmniej tego świadomi.

Jeśli nie uda nam się opanować i wybuchniemy gniewem na skutek krzywdy, jaką w naszym mniemaniu nam wyrządzono, jesteśmy winni partnerowi zadośćuczynienie. Korzystając z granicy dotyczącej mówienia, informujemy wówczas partnera, w jaki sposób jego słowa, zachowanie lub myśli na nas wpłynęły, wzbudzając w nas bolesne odczucia. W ten sposób oczyszczamy partnera z winy za nasz wybuch i bierzemy odpowiedzialność na siebie. To niezwykle ważna chwila z punktu widzenia naszej duchowości. W takich oto chwilach rodzą się miłość i zaufanie.

Możemy znaleźć ukojenie, przypominając sobie o niedoskonałościach naszej ludzkiej natury. Możemy gratulować sobie coraz większej dojrzałości. Prawidłowo funkcjonujące granice chronią nas przed wszystkim, z wyjątkiem naruszenia granic.

Jeśli jednak pod wpływem trudnej rozmowy przypomnieliśmy sobie bolesne przeżycia z przeszłości i na nowo otworzyły się dawne rany, gdy znów odezwało się w nas dziecięce ego, powinniśmy wtedy natychmiast odegrać wobec samych siebie rolę rodzica. Możemy to przenośnie nazwać przerwą przed kolejną rundą. W takiej sytuacji zostawiamy przeprosiny na później, sami zaś siadamy w jakimś spokojnym miejscu i na własny użytek przeprowadzamy terapię krzeseł. Wyobrażamy sobie nasze wewnętrzne dziecko – ofiarę traumy, i mówimy mu, że współodczuwamy jego emocje, takie jak ból, strach, wstyd czy złość. Zapewniamy je, że znamy źródło tych emocji, i wiemy, przez co musiało przejść, aby przystosować się do swojego systemu rodzinnego. Mówimy mu, że czujemy jego ból i że od tej chwili zajmie się nim funkcjonalny dorosły – dorosły, który je uspokoi i ochroni przed złem. Oczywiście odgrywamy wtedy obie role – dorosłego i dziecka.

Ten akt samooczyszczenia pomoże nam na nowo wytyczyć granice. Kiedy reagujemy w sposób uwarunkowany, nie kontrolując

Granice dotyczące mówienia i słuchania 95

naszych reakcji za pomocą intelektu, umacniamy jedynie system uwarunkowań. Gdy jednak przeciwstawiamy się mu, osłabiamy go i w rezultacie uwalniamy się spod jego wpływu. Jak w piosence „Getting Better All the Time" Brooks & Dunn.

Fundamentalne zasady dotyczące rozmów z partnerem

1. *Nie oskarżaj.* Oskarżając partnera, automatycznie stawiasz się w pozycji kogoś lepszego. Uniemożliwia to przekazanie mu informacji o tym, co wywołało w tobie takie a nie inne emocje, i pozbawia twojego partnera szansy na zrozumienie, dlaczego tak a nie inaczej się zachowujesz.
2. *Nie mów partnerowi, co powinien czuć.* Coś takiego natychmiast cię wywyższa. To poniżające mówić komuś, że wiesz więcej od niego o jego życiu emocjonalnym. Większość z nas nie ma pojęcia, dlaczego czuje się w danej chwili tak, jak się czuje – a co dopiero, dlaczego inni czują to, co czują.
3. *Nie dawaj dobrych rad.* Doradzanie to nic innego, jak mówienie ludziom, jak powinni rozwiązywać swoje problemy. Mówimy komuś, że ma problem, zanim jeszcze uzyskaliśmy od niego potwierdzenie, że też tak uważa. Tym samym staramy się przejąć kontrolę nad jego życiem. W rezultacie osoba ta zajmuje pozycję defensywną i izoluje się od nas.
4. *Nie osądzaj.* Wielu z nas święcie wierzy w istnienie jednej, absolutnej prawdy, którą my znamy, a inni nie, chociaż powinni. W naszym odczuciu czyni ich to złymi. Nic bardziej błędnego. Dla większości ludzi „złe" oznacza wszystko, co znajduje się poza ich systemem wartości. Potrafią stać murem przy swoich przekonaniach, nawet jeśli dotyczą one tak banalnych kwestii, jak to, którą stroną trzeba wieszać rolkę papieru toaletowego. Mówiąc więc: „Nie należy wieszać papieru od ściany", osądzamy naszego rozmówcę i tym samym przyjmujemy wobec niego pozycję mądrzejszego oraz zamykamy się przed jego racjami. Możemy korygować takie zachowania, zauważając w porę niewłaściwą reakcję i powstrzymując się przed nią. A jeśli już zdarzy nam

się wyrazić krytyczny osąd, powinniśmy wytłumaczyć partnerowi, skąd biorą się nasze przekonania, mówiąc na przykład: „W moim domu rodzinnym zawsze wieszaliśmy papier toaletowy w ten sposób. To zabawne, że mamy pod tym względem inne doświadczenia".

5. *Nie próbuj odgadnąć motywacji partnera.* Zdarza się, że porównujemy swoją zdolność rozumowania ze zdolnością rozumowania partnera i zarzucamy mu, że nie wie, dlaczego postępuje w określony sposób. Stawiamy się na pozycji mądrzejszego, potrafiącego odgadnąć przyczyny i skutki czyjegoś zachowania. Jeżeli już musimy rozmawiać o motywacji, mówmy mu: „Kiedy zaczynam się w ten sposób zachowywać, kieruje mną to i to...".

6. *Nie bądź sarkastyczny.* Sarkazm potrafi być bardzo brutalny. Słowo to pochodzi od greckiego *sarkasmos,* wywodzącego się z kolei od *sarkazein* – zagryzać wargi ze wściekłości. *Sarx, sark* – znaczy ciało. Sarkazm to stały element szkolnych sprzeczek, który niestety na dobre rozpanoszył się na wszystkich poziomach amerykańskiego dyskursu. Dla dzieci sarkastycznych rodziców jest to pierwszy rodzaj humoru, z jakim się spotykają. W przypadku członków rodziny, posługujących się sarkazmem we wzajemnych kontaktach, nie można jednak mówić o zdrowych relacjach – oni „gryzą swoje ciało". Dzieci, uczące się od rodziców tego rodzaju humoru, wykorzystują go tak samo, jak robili to ich rodzice: z zamiarem wywyższenia się, niszcząc swoje relacje z innymi. Sarkazm jest formą ucieczki przed bliskością, gdzie pod maską humoru skrywana jest wrogość lub emocjonalne skrępowanie.

7. *Nie używaj niezrozumiałych, „prywatnych" określeń.* Prywatny żargon może być bardzo szkodliwy, zwłaszcza gdy zastępuje próby szczerego porozumiewania się z drugim człowiekiem. Osoba, która się nim posługuje, buduje wokół siebie nieprzenikniony mur i stawia się na pozycji mądrzejszego. Takie niezrozumiałe określenia spychają rozmówcę poza tok rozmowy. Okazywanie drugiemu człowiekowi wyższości dowodzi naszej pogardy albo zamiaru manipulowania rozmówcą.

8. *Nie mów: „Ty mnie w ogóle nie rozumiesz".* Takie stwierdzenie jest równoznaczne z przyznaniem, że udany związek z naszym

partnerem jest niemożliwy, ponieważ my już się poddaliśmy. Stwierdzenie to dyskwalifikuje partnera i wyklucza z dalszej rozmowy, a tym samym blokuje próby zbudowania bliskości. Z drugiej strony jednak bywa ono bardzo często rozpaczliwym wołaniem o to, aby partner nie rezygnował z prób poznania go. To wołanie o bliskość, nawet jeśli miałaby to być bliskość dysfunkcjonalna.

9. *Nie wyzywaj partnera.* Obrzucając partnera wyzwiskami, naruszamy jego granice i podważamy jego poczucie własnej wartości. W takiej sytuacji obrażona przez nas osoba ma prawo zareagować złością, ma prawo otoczyć się murem i spoza niego kwestionować nasze człowieczeństwo. W mniej drastycznych przypadkach, gdy używamy wobec partnera prywatnych, „domowych" określeń, mamy do czynienia z próbą zawłaszczenia partnera i uproszczenia jego złożonej osobowości. Nazywanie kogoś wymyślonym przez siebie i zastrzeżonym dla innych mianem oznacza, że chcemy mieć tę osobę na własność, że zamykamy jej człowieczeństwo w szufladce oznaczonej konkretną etykietą.

Opisane poniżej sytuacje zawierają bardzo dobrze znane, codzienne przykłady wytyczania i naruszania istotnych granic dotyczących mówienia i słuchania.

Na lotnisku

Charles, account executive w agencji reklamowej, i jego atrakcyjna żona Natalie, którą Charles wziął ze sobą, aby oczarowała ważnego klienta, właśnie wysiedli z samolotu lecącego z Europy. Charles zapomniał zadzwonić do swojej sekretarki, która miała im załatwić transport z lotniska, muszą więc czekać półtorej godziny na kierowcę. Oboje są wyczerpani po długiej podróży. Przed chwilą Charles przyznał, że zapomniał uprzedzić sekretarkę o powrocie. Natalie zwraca się do niego w następujący sposób:

> Potrafisz myśleć wyłącznie o swojej pracy (1. *Oskarżenie*). Na twoim miejscu wstydziłabym się (2. *Mówienie komuś, jak ma się czuć*). Może

gdybyś zapisywał wszystko w swoim palmtopie, uniknęlibyśmy takich wpadek, jak ta (3. *Rada*). Twoje zachowanie jest całkiem niemoralne (4. *Osądzanie*). Jedynym powodem, dla którego zabrałeś mnie ze sobą w tę właśnie podróż, była chęć zadośćuczynienia mi za cały ten czas, gdy mnie zaniedbywałeś (5. *Odgadywanie motywacji rozmówcy*). Podejrzewam, że dla was, panów wszechświata, to zwykły biznes (6. *Sarkazm*). Jeśli to nie jest przykład pasywno-agresywnego kamuflażu, to nie nazywam się Natalie. No cóż, *Plus ça change, plus c'est la même chose*[3] (7. *Prywatny żargon*). Ale po co ja ci to w ogóle mówię? (8. „*Ty mnie w ogóle nie rozumiesz*"). Spójrzmy prawdzie w oczy, jesteś samolubnym kretynem (9. *Wyzwiska*).

Na szczęście dla naszych celów dydaktycznych Natalie złamała absolutnie wszystkie fundamentalne zasady dotyczące funkcjonalnych rozmów z partnerem. Gdyby zamiast tego skorzystała ze swojej granicy dotyczącej mówienia, to jej wypowiedź mogłaby brzmieć następująco:

> Właśnie zdałam sobie sprawę, że kierowca przyjedzie po nas dopiero za półtorej godziny. Jestem naprawdę zła z tego powodu. To samo zdarzyło się już trzy razy w ubiegłym roku. To dla mnie problem. Możemy o nim porozmawiać i spróbować go rozwiązać?

Współlokatorzy i telewizja

Dwaj współlokatorzy, Josh i Sam, mieszkają w niewielkim mieszkaniu w centrum miasta. Kiedy tylko Josh przebywa w domu – to jest właściwie przez cały czas – ogląda telewizję we wspólnym pokoju. Narusza to prywatność Sama, który z tego powodu coraz bardziej się denerwuje. Kilkakrotnie niezobowiązująco prosił Josha, żeby ograniczył oglądanie telewizji i za każdym razem czuł się wyjątkowo niezręcznie. W końcu, nie mogąc już dłużej ukrywać irytacji, Sam podchodzi do kanapy, na której Josh ogląda telewizję, staje pół metra od niego i, górując nad nim, mówi:

> Mam już tego dość. Zupełnie mnie lekceważysz. Mieszkamy razem od pół roku, a ty bez przerwy siedzisz przed telewizorem. Powinieneś

---

[3] Fr. – Im bardziej rzeczy się zmieniają, tym bardziej pozostają niezmienne (przyp. red.).

być bardziej świadomy swoich obowiązków wobec mnie. Nie masz za grosz wrażliwości. Prawdopodobnie próbujesz mi w ten sposób pokazać, kto tu rządzi. Tak, zupełnie jakbyś był jakimś Panem Ważniakiem. A może po prostu jesteś przygłuchy. Jesteś skoncentrowanym na sobie egoistą, nie masz pojęcia o mieszkaniu pod jednym dachem. Włazisz z butami w moje życie, a ja nie mam zamiaru dłużej ci na to pozwalać. Dlaczego musisz się zachowywać jak idiota?

Porównajmy powyższą wypowiedź z wypowiedzią, której autor przestrzega granicy dotyczącej mówienia. Podchodząc do Josha i stając lub siadając w odpowiedniej odległości od niego, Sam mówi:

> Możemy porozmawiać o czymś, co mnie dręczy? Wiem, że lubisz oglądać telewizję, ale poziom głośności, jaki nastawiasz, jest dla mnie męczący. Mam wrażenie, że nie obchodzi cię moje samopoczucie. Z tego powodu odczuwam wstyd i złość. Może wynegocjujemy pory, w jakich będziesz oglądał telewizję? Albo czasami będziesz jej słuchał w słuchawkach, które mogę ci kupić? Czy nie masz nic przeciwko temu, abym przychodził tutaj i prosił cię o ściszenie telewizora, jeśli uznam, że gra zbyt głośno?

Jak to często w życiu bywa, pierwsza próba wytyczania granic dotyczących mówienia może nie przynieść oczekiwanego efektu. Uzależniony od telewizji współlokator reaguje na nią w sposób dysfunkcjonalny:

> Wielkie dzięki, Gumowe Ucho. Wiedziałem, że coś jest z tobą nie tak. Od dziesięciu dni wyglądasz, jakbyś miał zatwardzenie. Dobrze, że wreszcie powiedziałeś, o co ci chodzi. Zauważyłem, że nie potrafisz mówić o tym, co ci leży na wątrobie. To mnie naprawdę wkurza. Dlaczego musisz być takim mięczakiem? A jeśli chodzi o telewizję, to biorąc pod uwagę czynsz, jaki płacę, mam prawo ją oglądać, kiedy tylko zechcę. Jeśli ci się to nie podoba, możesz iść do biblioteki. Jest tuż za rogiem.

Wyobraźmy sobie, że Sam ma czarny pas w wytyczaniu granic dotyczących właśnie słuchania i zdołał zachować spokój (może nawet odmówił „Modlitwę o wewnętrzny spokój"). Odpowiada więc:

> Wiem, że moją słabą stroną jest poruszanie trudnych tematów. To dla mnie dosyć krępujące. Potrzebowałem dużo czasu, aby zebrać się na odwagę i porozmawiać z tobą o tym. Być może nie uda nam

się rozwiązać tego problemu. Być może zdecydujemy, że nie powinniśmy razem mieszkać. Jestem jednak skłonny porozmawiać o tym i przekonać się, czy możemy znaleźć jakieś kompromisowe wyjście.

Sam nie odnosi się do obraźliwych określeń, jakich użył wobec niego Josh. Dyplomatycznie chroni się przed wyzwiskami poza wytyczoną przez siebie granicą, ponieważ wie, że wyzwiska, jakimi został obrzucony, nie mają nic wspólnego z jego postrzeganiem rzeczywistości. Sam ma prawo wycofać się dla dobra wzajemnych relacji, jeśli zależy mu na ich podtrzymywaniu.

Mój partner wciąż przesiaduje w barze i zostawia tam za dużo pieniędzy

Dave i Emily są świeżo upieczonym małżeństwem, bardzo w sobie zakochanym. Pod koniec miesiąca Emily sprawdza bilans książeczki czekowej i zauważa, że Dave wydaje dużo pieniędzy w barze. Nie podejrzewa go o alkoholizm, może nawet nie wie, na czym alkoholizm polega, jednak ilość wydawanych pieniędzy bardzo ją niepokoi. Boi się porozmawiać o tym z mężem, ponieważ nie chce go zdenerwować. W końcu sytuacja staje się dla niej nie do wytrzymania, więc korzystając z granicy dotyczącej mówienia, Emily zwraca się do Dave'a:

> Sprawdzałam książeczkę czekową i zauważyłam, że wydałeś sporo pieniędzy w lokalnym barze. Nasze finanse są już i tak mocno nadwerężone, dlatego jestem zła, że wydałeś tyle pieniędzy i nic mi o tym nie powiedziałeś. Mam też różne podejrzenia co do rzeczy, które robiłeś w barze – podejrzenia dotyczące kobiet, które tam bywają, i tego, że nie pozwalasz mi uczestniczyć w swoim życiu towarzyskim. Jestem naprawdę wściekła z tego powodu.

Toksyczna, dysfunkcjonalna odpowiedź Dave'a brzmi:

> Słuchaj, znasz przysłowie: Nie samym chlebem żyje człowiek? Muszę się czasami wyszaleć, a jeśli chodzi o kobiety, to chyba w ogóle mi nie ufasz! Wtykasz teraz nos w nie swoje sprawy. Widocznie musisz być dokładnie taka, jak twoja matka, na każdym kroku węsząca zdradę. Stara śpiewka. Jak mam ci udowodnić, że jestem czysty? Czy ty w ogóle nie rozumiesz moich potrzeb? Ile czasu minęło od naszego

Granice dotyczące mówienia i słuchania

ślubu? Nie widzę żadnego powodu, dla którego miałabyś prawo być tak podejrzliwa. Zachowuj się, jak moja żona, a nie prywatny detektyw.

A oto, co Dave mógłby powiedzieć, gdyby prawidłowo korzystał z granic dotyczących mówienia i słuchania:

> Em, przede wszystkim jest mi bardzo przykro z powodu tego, że tak się czujesz. Też bym się zastanawiał, co się dzieje, gdybym zobaczył te wszystkie czeki zrealizowane w barze. Ale wiesz, ile mam stresów w pracy. Przyznaję, że szedłem do baru, żeby wypić kilka głębszych i pogadać z chłopakami. Kilka razy zamiast pójść do banku, zrealizowałem czek w barze. Jeśli chodzi o kobiety, to nieprawda, przysięgam. Nigdy też nie pomyślałem, że wizyty w barze możesz odebrać jako niedopuszczenie cię do mojego życia towarzyskiego. To samolubne z mojej strony. Jestem ci winien przeprosiny za to, jak się czułaś, i za wydane pieniądze.
>
> Proponuję, żebyśmy usiedli, wspólnie przeanalizowali nasze finanse i ustalili jakiś budżet. Zgadzasz się? Moglibyśmy określić, ile pieniędzy zostaje nam po odliczeniu wszystkich podstawowych wydatków, tak aby pod koniec miesiąca każde z nas miało dla siebie taką samą sumę. Jeżeli któreś z nas będzie chciało wydać więcej, porozmawiamy o tym i wynegocjujemy jakąś rozsądną i sprawiedliwą kwotę.

Być może na tym ich dyskusja się nie skończy. Może będą chcieli porozmawiać o tym, że bez alkoholu Dave nie potrafi się zrelaksować. Może nadmierna podejrzliwość Emily wynika z faktu, że jej matka była wciąż zazdrosna o ojca. Okazując sobie wzajemny szacunek oraz korzystając z granic dotyczących mówienia i słuchania, małżonkowie budują wzajemną bliskość. Są więc otwarci na siebie nawzajem i kiedy przyjdzie czas na omówienie innych ważnych kwestii, będą mieli wystarczającą wprawę w wytyczaniu zdrowych granic; będą też wystarczająco zaangażowani w swój związek, aby sprostać ewentualnym problemom.

Rachunek za telefon

Sprawdzając ostatni rachunek za telefon, Loretta zauważa, że została obciążona kosztami za połączenia z Europą, których nie wykonywała. Z dat wynika, że dzwoniła Sophia, jej włoska dobra przyjaciółka, która mieszkała u niej przez pewien czas. Chcąc dowiedzieć się czegoś więcej o kosztownych połączeniach, Loretta dzwoni do Sophii, która zdążyła już wrócić do Włoch, i mówi:

> Sophia, właśnie dostałam rachunek za telefony do Rzymu, wykonane w czasie, kiedy u mnie mieszkałaś. Wiem, że to ty dzwoniłaś i jestem wściekła, że okradałaś mnie, korzystając z mojego telefonu bez pozwolenia. Od kiedy to jesteś tak podstępna? Widocznie nie ufasz mi na tyle, żeby powiedzieć prawdę. Czym sobie zasłużyłam na takie traktowanie? Myślałam, że wiesz, jak należy postępować. Co masz na swoje usprawiedliwienie?

Powyższa wypowiedź jest przykładem całkowitego braku granic. Ma oskarżycielski ton, a jej autorka próbuje domyślać się motywów, jakie kierowały przyjaciółką. Zawarty w niej sarkazm nie pozostawia miejsca na negocjacje.

Gdyby Loretta wytyczyła sobie granice dotyczące mówienia, mogłaby skoncentrować się na powiedzeniu prawdy w pełen szacunku sposób. Jej wypowiedź mogłaby wtedy brzmieć następująco:

> Znalazłam na swoim rachunku za telefon koszty połączeń do Włoch, wykonanych w czasie, gdy byłaś u mnie. Nie sądzę, abym to ja telefonowała, dlatego chciałam się upewnić, czy to nie byłaś ty.

W ten sposób Loretta rozpoczęłaby rozmowę, nie oskarżając swojej przyjaciółki, i tym samym uzyskałaby od niej niezbędne informacje, a dopiero potem stwierdziła pewne fakty. Reagując funkcjonalnie, Sophia mogłaby powiedzieć:

> Tak, dzwoniłam do Włoch i zapomniałam ci o tym powiedzieć. Przepraszam. Powiedz, ile ci jestem winna, a jeszcze dziś wyślę ci pieniądze.

W tym scenariuszu Sophia – słuchacz – potwierdza autentyczność faktów, które zostały jej przedstawione. Nie szuka wymówek, przeciwnie, zgłasza gotowość zadośćuczynienia, co zamyka całą sprawę. Loretta może się oczywiście zastanawiać, jak to możliwe, że jej przyjaciółka zapomniała powiedzieć jej o wykonanych telefonach, jednak w tym momencie dla dobra ich przyjaźni powinna dyplomatycznie postąpić i pominąć tę kwestię, usatysfakcjonowana istotną informacją, że rachunek zostanie zapłacony i tym, że Sophia uczciwie opisała swój udział w sprawie.

Gdyby jednak Sophia dała się ponieść emocjom i zajęła dysfunkcjonalne stanowisko, mogłaby powiedzieć coś w rodzaju:

> A więc tak rozumiesz obowiązki gospodyni? Chcesz ode mnie pieniędzy, zupełnie jakbym była gościem hotelowym! Nie tak rozumiem gościnność. Kim ty jesteś, właścicielką hotelu? Zapewniam cię, że gdybyś zatrzymała się u mnie, mogłabyś do woli korzystać z telefonu. *Mi casa es su casa*[4]. Cóż, skoro takie z ciebie skąpiradło, dorzucę jeszcze zaległe odsetki. A następnym razem zatrzymam się w hotelu.

Wciąż niezadowolona z osiągniętego efektu, Sophia dolewa oliwy do ognia, dodając:

> A teraz posłuchaj, co ci powiem – kocham cię. Musisz zdawać sobie z tego sprawę. I z pewnością nie oczekiwałam takiej zapłaty za swoją przyjaźń. Chyba nigdy cię nie zrozumiem.

Trzeba mieć naprawdę spore doświadczenie w wytyczaniu granic dotyczących słuchania, aby funkcjonalnie zareagować na równie wrogi i manipulujący faktami przekaz. Mówienie osobie, którą atakujemy, o swojej miłości do niej, jest wyjątkowo toksyczną taktyką. Specjalizują się w niej rodzice maltretujący swoje dzieci. Oto jak mogłaby brzmieć funkcjonalna i właściwa odpowiedź Loretty:

> Słuchając ciebie, właśnie zdałam sobie sprawę, że nazwałaś mnie nieczułą oraz oskarżyłaś o niegościnność i skąpstwo. Wydaje mi się, że ty i ja inaczej rozumiemy gościnność; inaczej podchodzimy do przyjmowania gości w swoim domu. Z tego powodu odczuwam pewien smutek, ponieważ widzę, że ta rozbieżność zaszkodziła poważnie naszej przyjaźni.
>
> Ale posłuchaj: chciałabym, żebyś wiedziała, że jeśli w przyszłości się u mnie zatrzymasz – a zawsze będziesz tu mile widziana – to życzyłabym sobie, abyś telefonując za granicę, informowała mnie o tym. Jeśli zaś opłata za te połączenia wyniesie, powiedzmy, ponad 20 dolarów, chciałabym, abyś zwróciła mi pieniądze.
>
> Może porozmawiamy o tym później, kiedy obie będziemy spokojniejsze. Czy zechcesz ze mną o tym porozmawiać?

---

[4] Hiszp. – Mój dom jest jego domem (przyp. red.).

W pozbawionej granic wypowiedzi Sophia nie tylko nie zastosowała się do zasad obowiązujących w rozmowie z drugim człowiekiem, ale także naruszyła granice Loretty, używając w stosunku do niej obraźliwych określeń i tym samym atakując jej poczucie własnej wartości. A zatem w tej funkcjonalnej odpowiedzi Loretta mogłaby też odnieść się do naruszenia swoich granic przez Sophię:

> Kiedy nazwałaś mnie nieczułą, niegościnną oraz skąpiradłem, odebrałam to jako wyzwiska i agresję z twojej strony. Podważyłaś moją wartość jako człowieka i z tego powodu jestem bardzo zła. Na przyszłość chciałabym, żebyś nie używała w stosunku do mnie obraźliwych określeń, kiedy będziemy omawiały sporne kwestie.

Śniadanie reżysera filmowego

Podczas gdy jego żona Monica siedziała w domu z dziećmi, reżyser filmowy Nick robił rozpoznanie plenerów dla swojej wytwórni albo spędzał czas na planie kolejnego filmu. Był tytanem pracy i sporo wymagał od współpracowników. Monica czuła się niesamowicie przytłoczona jego osobowością i miała do niego żal o to, że jest głuchy na jej zdanie i potrzeby. Narastające pomiędzy małżonkami napięcie sięgnęło zenitu. Nick i Monica zgłosili się na prowadzone przeze mnie warsztaty wytyczania granic dla par. Chcieli nauczyć się wytyczania granic we wzajemnych relacjach.

Wieczorem, dnia poprzedzającego rozpoczęcie zajęć, poprosiłam, żeby wrócili do hotelu i spisali wszystko, co się między nimi ostatnio wydarzyło i co ich zdenerwowało, ale również to, o czym ze sobą nie rozmawiali.

Nick zaczął pierwszy. Z jego spisu dowiedziałam się, iż uważał, że żona nieodpowiednio karmi dzieci. Jego zdaniem dawała im za dużo niezdrowego jedzenia, za dużo czekoladowych płatków na śniadanie. Sam był maniakiem zdrowego żywienia. Chciał, aby czteroletnie dziecko jadło muesli. Postępowanie żony bardzo go denerwowało.

Nick wybuchnął, zwracając się do Moniki w obraźliwy, całkowicie pozbawiony funkcjonalnych granic sposób:

Karmisz nasze dzieci obrzydliwym, niezdrowym żarciem. Z tego powodu uważam, że jesteś okropną matką. Jestem na ciebie tak wściekły, że chcę się z tobą rozwieść.

Następnie Nick otwarcie zaatakował żonę z powodu przygotowywanych przez nią śniadań. Poprosiłam go, żeby zamilkł i powiedziałam, że zachowuje się w obraźliwy sposób, a opisując postępowanie żony, używa określeń wynikających z jego zafałszowanego odbioru rzeczywistości. Dodałam, że nie postępuje dyplomatycznie, i poprosiłam, aby zastanowił się, jak mógłby wyrazić to samo, nie będąc nieprzyjemnym wobec żony. Nick myślał i myślał, ale nic nie udało mu się wymyślić. Nie potrafił przedrzeć się przez chaos swoich emocji bez wpadania w gniew, aby wyrazić to, co go gryzie.

Zaproponowałam mu więc następującą wypowiedź:

> Monica, zauważyłem, że podajesz naszym dzieciom czekoladowe płatki na śniadanie. Moim zdaniem nie mają one wystarczająco dużo wartości odżywczych. Kiedy myślę o tym, że karmisz nasze dzieci bezwartościowym jedzeniem, odczuwam gniew. Chciałbym porozmawiać z tobą o tym, co jedzą nasze dzieci, ponieważ mam kilka pomysłów na ulepszenie ich diety.

Wysłuchawszy mnie, Nick ponownie wybuchnął: „Ale ja w ogóle nie chcę, żeby dawała naszym dzieciom to bezwartościowe jedzenie".

Przypomniałam mu, że chce, żeby żona karmiła dzieci musli, które zawiera mnóstwo trudnego do strawienia błonnika i które prawdopodobnie nie smakuje małym dzieciom. Zaproponowałam, żeby wynegocjował z żoną kompromis, w wyniku którego ona karmiłaby dzieci wybranymi przez siebie płatkami, ale nie czekoladowymi, pozbawionymi wartości odżywczych, którym był tak przeciwny.

Monica poinformowała nas, że płatki o smaku czekoladowym są w rzeczywistości całkiem zdrowe i produkowane z pełnych ziaren. W końcu małżonkowie wspólnie wybrali trzeci rodzaj płatków, które zawierały więcej błonnika niż te, które Monica dotąd podawała dzieciom, ale smaczniejsze od tych, za którymi obstawał Nick.

Następnie zwróciłam uwagę Nicka na to, że zachowuje się w sposób ekstremalny, całkowicie pozbawiony umiaru: wszystko, co nie zostało kupione w sklepie ze zdrową żywnością, było dla niego bezwartościowe. Ze swojej strony Monica przyznała, że czasami rzeczywiście dawała dzieciom jedzenie, które nie zawierało dostatecznej ilości składników odżywczych i było słodsze, niż jest to zalecane, tylko po to, aby były grzeczne i nie przeszkadzały.

Z powodu różnic na temat zdrowego żywienia Nick i Monica byli dosłownie o krok od rozwodu. Niewiele brakowało, a „Czekoladowe poduszeczki" kosztowałyby reżysera filmowego utratę połowy jego majątku. Problem Nicka polegał na tym, że rozmawiając z Moniką, nie potrafił okazywać jej szacunku i zajmował sztywne stanowisko, zamiast próbować rozwiązać problem. Musiał nauczyć się wyrażania swoich opinii z szacunkiem oraz sztuki negocjacji i kompromisu. Musiał skończyć z przemawianiem do żony z pozycji mądrzejszego oraz z toksycznym i agresywnym zachowaniem, wynikającym z przekonania o swojej racji.

Monica całkiem nieźle radziła sobie z agresywnymi atakami męża. Powiedziała mi, że kiedy Nick obraźliwie się do niej odzywał, chroniła się umiejętnie za wyimaginowaną ścianą i przestawała go słuchać.

Monica potrafiła negocjować. Była skłonna pójść na kompromis i zaakceptować trzeci rodzaj płatków śniadaniowych, których dzieci mogły nie polubić. Wymagałoby to od niej większego wysiłku w nakłonieniu ich do jedzenia. Gotowa była jednak zaryzykować dla dobra związku.

Różnica czasu

Na prowadzone przeze mnie warsztaty zgłosił się przepracowany, lecz odnoszący niebywałe sukcesy dyrektor sprzedaży w międzynarodowej firmie komputerowej wraz z żoną. Charyzma Ronalda natychmiast zrobiła na mnie wrażenie. Ludzie charyzmatyczni starają się zawłaszczyć innych i poddać ich swojej woli. Ronald poskarżył się, że jego żona Charlotte zapomniała o jego ostatnich urodzinach. Z tego powodu odczuwał zawód i ból, ale nie chciał mi o tym opowiedzieć. Był tak zablokowany, jakby zaszyto mu usta.

Charlotte powiedziała mi później, że w dniu swoich urodzin mąż był w służbowej delegacji, osiem stref czasowych od niej. Pamiętała o jego urodzinach, ale nie chciała budzić go w środku nocy. O godzinie, gdy już mogła do niego zadzwonić, była w prowadzonej przez siebie w mieście galerii sztuki. Zajęła się pracą i po prostu zapomniała o telefonie do Ronalda. Nie chodzi o to, że go nie kocha. Po prostu zapomniała.

Charlotte podzieliła się tym z Ronaldem i powiedziała mu o swoich uczuciach do niego: o tym, że uważa go za wspaniałego człowieka i bardzo go kocha. Następnie przeprosiła za to, że zapomniała do niego zadzwonić, i powiedziała, że rozumie jego zdenerwowanie. Nie usiłowała wcale się bronić, mówiąc, że był oddalony od niej o osiem stref czasowych i że powinien był ją zrozumieć. Bardzo dobrze wykorzystała swoją granicę dotyczącą mówienia.

Jednak mimo iż Charlotte potrafiła w funkcjonalny sposób mówić o jego zdenerwowaniu, Ronald nie mógł wyzwolić się z bolesnej świadomości, że jego urodziny zostały zapomniane. Gdybym – dzięki Charlotte – nie poznała okoliczności całej sprawy i nie dowiedziała się, jak bardzo Ronald to przeżył, on sam nigdy nie powiedziałby mi o swoim cierpieniu.

Pewien postęp pojawił się dopiero wtedy, gdy przeanalizowałam przeszłość Ronalda. Okazało się, że jego matka nie dbała o niego i porzuciła go w wieku pięciu lat. Postępowanie matki bardzo wcześnie utrwaliło w nim przekonanie o braku własnej wartości oraz o tym, że każda kobieta, której pozwoli się do siebie zbliżyć, prędzej czy później go opuści. To dlatego nie potrafił mówić o swoich emocjach. Tkwiąc we wczesnym stanie ego (dziecka poniżej piątego roku życia), przejawiał objawy dysocjacyjne, zamykał się w sobie. W sprawie, z jaką się do mnie zgłosił, chodziło o skutki dawnej traumy.

Na tym etapie rozpoczęłam z Ronaldem terapię krzeseł, podczas której rozmawiał ze swoją matką. Wyobraziliśmy sobie, że jest w tym samym pokoju, i rozmawialiśmy z nią o tym, jak go porzuciła, gdy miał pięć lat, i o tym, jak to na niego wpłynęło, to znaczy o jego braku poczucia własnej wartości, o jakiejś ukrytej wadzie. W trakcie terapii Ronald w znacznym stopniu pozbył się dziecięcego bólu i wstydu związanego z porzuceniem.

Następnie zachęciłam Ronalda, aby porozmawiał z matką z perspektywy człowieka dorosłego i powiedział jej, co myśli o tym, że go porzuciła: że było to bardzo nieodpowiedzialne zachowanie jak na rodzica i że odczuwa wielki smutek na myśl o tym, iż nigdy po niego nie wróciła. Pomogłam mu zrozumieć, że jego dziecięce poczucie braku własnej wartości wynikało z nieodpowiedzialnego zachowania matki, nie zaś z jakiejś jego ukrytej wady. Przez całe dorosłe życie Ronald dźwigał jej wstyd. W końcu mógł się go pozbyć i oddać prawowitej właścicielce. Wszystkiego najlepszego z okazji urodzin, Ronaldzie!

Fundamentalne zasady wytyczania wewnętrznej granicy dotyczącej słuchania

1. Wytycz zewnętrzną granicę dotyczącą kontaktu fizycznego, aby czuć się swobodnie, słuchając tego, co ktoś ma ci do powiedzenia.
2. Pamiętaj, aby nie brać winy na siebie.
3. Pamiętaj, że oddychając głęboko, możesz kontrolować emocje, jakich doświadczasz, słuchając drugiej osoby; jest to naprawdę konieczne, aby nie stały się nazbyt silne i nie zaczęły z ciebie emanować.
4. Pamiętaj, że słuchasz, aby poznać prawdę o rozmówcy, a nie aby zajmować pozycję obronną.
5. Pamiętaj, że słuchając, możesz się chronić, określając to, co słyszysz jako prawdziwe, nieprawdziwe lub wątpliwe.
6. Jeśli to, co słyszysz, jest prawdziwe, możesz pozwolić sobie na emocje związane z tą prawdą.
7. Jeśli to, co słyszysz, jest nieprawdziwe, odsuń od siebie emocje związane z tym, o czym jest mowa.
8. Jeśli to, co słyszysz, jest wątpliwe, gdy twój rozmówca zamilknie, poproś go o dodatkowe informacje potrzebne do stwierdzenia, czy jego słowa są prawdziwe, czy nieprawdziwe. Poproś o te informacje za pomocą nie więcej niż czterech zdań, nie skarżąc się,

nie obwiniając ani nie tłumacząc, dlaczego ich potrzebujesz. To ułatwi twojemu rozmówcy wysłuchanie cię.
9. Jeśli konieczna jest negocjacja, zacznij negocjować.

Granicę dotyczącą słuchania wytyczamy zawsze wtedy, gdy ktoś zaczyna do nas mówić. Nasi rozmówcy dzielą się z nami swoimi obserwacjami – tym, co usłyszeli, wyczuli lub zobaczyli, oraz związanymi z tym przemyśleniami, odczuciami i decyzjami, jakie w związku z tym podjęli.

Mówiąc, ludzie przekazują nam swoje spostrzeżenia i emocje. Zawarte w tym przekazie informacje oraz energia trafiają na naszą granicę dotyczącą słuchania i są przetwarzane w sposób wymagający od nas pewnej otwartości (i, co za tym idzie, pewnej podatności na zranienie), jednak nie tak dużej, aby zasłyszana nieprawda mogła nas skrzywdzić. Nadmierna otwartość oznacza, że granica dotycząca mówienia nie funkcjonuje prawidłowo. Z drugiej strony osoby niewrażliwe na zranienie budują wokół siebie nieprzepuszczalny mur, który uniemożliwia im słuchanie.

Pierwszą rzeczą, jaką należy zrobić, gdy koś zaczyna do nas mówić o czymś wzbudzającym negatywne emocje, jest wytyczenie zewnętrznej granicy kontaktu fizycznego, która pozwoli nam swobodnie wysłuchać tego, co nasz rozmówca ma do powiedzenia. Możemy mieć wtedy ochotę zrobić krok do tyłu lub obejść stół i stanąć po drugiej stronie. Możemy podnieść segregator i trzymać go na wysokości piersi. Jeżeli potrzebujemy czasu, aby określić dystans, jaki pozwoli nam czuć się swobodnie, powinniśmy w tej sytuacji poprosić naszego rozmówcę o chwilę cierpliwości.

Następnie należy wytyczyć swoją wewnętrzną granicę dotyczącą słuchania, aby móc słuchać w funkcjonalny sposób. Jeżeli ktoś zaskoczy nas znienacka i zacznie zasypywać informacjami, powinniśmy poprosić go, żeby zaczekał, aż nasza wewnętrzna granica dotycząca słuchania zostanie wytyczona.

Gdy nasz rozmówca zaczyna mówić, powinniśmy nieustannie pamiętać o tym, aby nie brać na siebie winy; czyli musimy być świadomi, że nie ponosimy odpowiedzialności za to, w jaki sposób osoba taka postrzega pewne wydarzenia. Nie jesteśmy odpowiedzialni za to, jak formułuje swój przekaz, co słyszy, co widzi i co czuje. Nie ponosimy odpowiedzialności za jej myśli ani czyny. Tylko ona może być za nie odpowiedzialna.

Trzecią istotną kwestią jest panowanie nad emocjami, jakich doświadczamy w trakcie słuchania. Powinny one pozostać umiarkowane, aby nie emanowały z nas i nie stały się toksyczne.

Czwarta sprawa to uświadomienie sobie, że słuchamy po to, aby poznać prawdę o naszym rozmówcy, a nie po to, żeby przygotować strategię obronną. To bardzo ważne: jak detektyw prowadzący śledztwo powinniśmy analizować myśli, uczynki i emocje rozmówcy. Wiele osób zapomina, że celem słuchania jest uzyskanie informacji, kim tak naprawdę jest człowiek, który do nas mówi. Zamiast odkrywać prawdę, przez cały czas myślimy o tym, jak bardzo nasz rozmówca się myli. W efekcie nie słyszymy niczego poza własnymi chaotycznymi myślami.

Zasada numer cztery mówi o tym, że należy otworzyć się na bliskość, nie narażając się jednocześnie na zranienie. Zgodnie z zasadą numer pięć powinniśmy chronić samych siebie, decydując, czy zmysłowe odczucia rozmówcy, to, co widział lub słyszał, i jakie wnioski z tego co wyciągnął są naszym zdaniem zgodne z prawdą, nieprawdziwe czy wątpliwe.

Wprowadzając w życie zasadę czwartą, a następnie zasadę piątą, osiągamy równowagę pomiędzy całkowitym brakiem granic a nieprzepuszczalnym murem. Z tej pozycji możemy słuchać rozmówcy, nastawiając się na odkrycie prawdy o tym, kim właściwie jest, a jednocześnie nie dopuszczamy do siebie fałszywych informacji, akceptując jedynie to, co jest prawdziwe, i pozwalając sobie zarazem na emocje związane wyłącznie z prawdziwym przekazem.

Jeżeli zdecydujemy, że rozmówca mija się z prawdą, odsuwamy od siebie związane z tym emocje lub pozwalamy, aby przeszły przez nas bez echa, niczym duch. Tym samym przyznajemy naszemu rozmówcy prawo do sprzecznego z naszym zdania. Wyrażamy szacunek dla jego odmiennych poglądów i odczuć, ale nie pozwalamy, aby w jakikolwiek sposób na nas wpłynęły. Przywiązujemy wagę jedynie do emocji, których doświadczamy w związku z tym,

Granice dotyczące mówienia i słuchania

co jest prawdziwe, czyli zgodne z naszą wewnętrzną prawdą. I w takim momencie możemy poczuć się zranieni.

Czasami, gdy musimy wysłuchać nieprzyjemnej prawdy na swój temat, możemy doświadczyć nieprzyjemnych emocji. Szczerość może nas zranić. Nie można zapominać, że nawet kontrolowana otwartość wiąże się z podatnością na zranienie, a rany często bywają bolesne. Takie jest życie. Bliskość wiąże się z ryzykiem zranienia. To samo można powiedzieć o granicy dotyczącej mówienia: jesteśmy podatni na zranienie nawet wtedy, gdy funkcjonuje ona prawidłowo, bo dzieląc się informacjami na swój temat z drugim człowiekiem, ryzykujemy, że wykorzysta je przeciwko nam albo że nasze słowa wywołają w nim negatywne myśli i emocje, na skutek których nasz rozmówca odsunie się od nas, sprawiając nam ból. A zatem zarówno odkrywanie się przed drugim człowiekiem, jak i dopuszczanie do siebie nieprzyjemnej prawdy wiąże się z ryzykiem zranienia. Jednak miłość nie istnieje bez otwartości.

Jeżeli słowa naszego rozmówcy wydają się nam wątpliwe, powinniśmy zaczekać, aż skończy mówić, a następnie podzielić się z nim swoimi odczuciami i poprosić o więcej informacji. Analizując kolejne dane dotyczące zmysłowego postrzegania rozmówcy, możemy stwierdzić, czy to, co wydawało nam się wątpliwe, jest zgodne z prawdą, czy nie.

Jeżeli wątpliwości nie uda się rozwiać lub informacje okażą się nieprawdziwe, należy się wycofać i nie dopuszczać do siebie związanych z nimi emocji, dopóki przekaz nie będzie zgodny z prawdą. Jeśli zaś nadal pozostaje wątpliwy, poprośmy rozmówcę o dalsze dane. Gdy mimo to przekaz pozostaje nieprawdziwy, świadomi jego niezgodności z naszą prawdą, wycofujemy się, okazując rozmówcy szacunek.

W sytuacji impasu, mając na względzie budowanie bliskości z partnerem, dobrze jest zdać się na granicę dotyczącą mówienia i podzielić się z rozmówcą informacjami na temat naszej granicy dotyczącej słuchania, dzielącej odbierane przekazy na prawdziwe, nieprawdziwe i wątpliwe. Dyplomatycznie byłoby zacząć od tych informacji, z którymi się zgadzamy: „Posłuchaj, chcę ci powiedzieć, że wtedy, gdy mówiłeś o tym i o swoich odczuciach i przemyśleniach, całkowicie się z tobą zgadzałem".

Gdy już wyjaśnimy to, co było dla nas wątpliwe, następnym krokiem powinna być rozmowa o tym, co uważamy za niezgodne z prawdą. Na tym etapie należy postępować bardzo dyplomatycznie. Musimy ocenić, czy nasz rozmówca jest w odpowiednim nastroju lub ma wystarczająco dużo energii, aby wysłuchać, co mamy mu do powiedzenia. Jeżeli stwierdzimy, że jest zamknięty na wszystkie nasze argumenty, możemy mu o tym powiedzieć i zaproponować przełożenie rozmowy na później, gdy będzie na nią przygotowany.

Jeżeli obie strony zgadzają się, że to, co zostało powiedziane, stanowi dla nich problem, powinny to otwarcie przyznać, a następnie porozmawiać na ten temat i rozpocząć negocjacje, po czym – jak na partnerów przystało – wypracować pewien kompromis i wprowadzić go w życie.

Jedną z najczęstszych przyczyn nieprawidłowego funkcjonowania granicy dotyczącej słuchania jest odczuwana przez nas uraza. Pojawia się wówczas, gdy jesteśmy przekonani, że ktoś okazał nam brak szacunku lub podważył naszą samoocenę. Często jednak to, co słyszymy, wzbudza w nas po prostu nieprzyjemne emocje; uciekamy wtedy w poczucie krzywdy lub w użalanie się nad sobą, nawet jeśli nasze granice nie zostały naruszone. O naruszeniu granic możemy mówić wyłącznie w sytuacji, gdy ktoś na nas krzyczy, obrzuca wyzwiskami, kłamie, próbuje nas kontrolować albo nami manipulować. W innych przypadkach uraza jest zawsze spowodowana niewłaściwą interpretacją tego, co usłyszeliśmy; taka interpretacja wynika z faktu, że mamy sobie coś do zarzucenia – coś, czego byliśmy świadomi, jeszcze zanim rozmówca nas sprowokował. Robimy z siebie wtedy ofiarę nadużyć, które nie miały miejsca, dlatego też nazywam urazę gniewem ofiary, a użalanie się nad sobą – bólem ofiary.

Zły humor sekretarki

Eileen jest redaktorką w niewielkim wydawnictwie, jest też dziewczyną redaktora naczelnego. Pewnego ranka Eileen powiedziała Julianowi, swojemu szefowi-chłopakowi, żeby uważał na sekretarkę, ponieważ jest ona w paskudnym nastroju. Z powodu tej uwagi Julian wpadł we wściekłość. Przyczyną jego emocjonalnej reakcji była zła sytuacja finansowa firmy oraz fakt, że obwiniał siebie za wiele problemów wydawnictwa. Kiedy Eileen zwróciła mu uwagę na zły humor sekretarki, Julian wściekł się na myśl o tym, że ktoś zajmuje go tak banalną sprawą. W ostrych słowach powiedział Eileen, że ma na głowie znacznie ważniejsze rzeczy niż „ta cholerna sekretarka". Jednocześnie w głębi duszy użalał się nad sobą (ból ofiary), myśląc: „Jeżeli moja dziewczyna nikomu nie okazuje życzliwości, dlaczego miałaby ją okazywać mnie?".

Chcąc podsycić urazę, Julian wymyślił sobie, że jego dziewczyna bardziej troszczy się o sekretarkę i jej nastroje niż o stres, który on sam przeżywa. Wychodząc z tego założenia, Julian doszedł do takiego wniosku, że Eileen go już nie kocha. Pod wszystkimi tymi emocjami kryło się przekonanie, że jego własna dziewczyna go prześladuje.

W rzeczywistości Eileen przekazała mu tę informację, aby unikał sekretarki lub aby wcześniej mógł przygotować sobie skuteczną obronę przed jej złym humorem; chciała, aby miał tego dnia mniej niepotrzebnych stresów.

Syn marnotrawny

Dorothy poczuła, że jej granica dotycząca słuchania została wystawiona na próbę, gdy jej dorosły, żonaty syn Jack oskarżył ją o to, że go nie kocha po tym, jak przestała dawać mu tygodniowe kieszonkowe, będące dodatkiem do jego zarobków. Jack leczy się z alkoholizmu. On i jego żona mają małe dziecko. Ponieważ żona zdecydowała, że zostanie w domu i będzie opiekować się maluchem, Jack stał się jedynym żywicielem rodziny. Dorothy rozumiała ich trudną sytuację i okazywała to, godząc się wspomagać ich finansowo przez pewien czas, pod warunkiem że jej syn wytrwa w trzeźwości, nie przestanie bywać na mityngach AA i będzie codziennie chodził do pracy. Jednak po okresie abstynencji i solidnej pracy, Jack znowu zaczął pić, palić trawkę i brać wolne. Poprosił więc matkę o więcej pieniędzy, aby zrekompensować potrącone dniówki.

Kiedy Dorothy zrozumiała, co się dzieje, uznała, że dając Jackowi pieniądze, umożliwi mu dalsze pogrążanie się w nałogu i umocni w nim mechanizm wyparcia. W końcu postanowiła ograniczyć mu kieszonkowe i poinformowała syna, że wstrzyma wypłaty, dopóki nie przestanie pić i opuszczać dni w pracy. Jack jednak nadal się staczał. Nadszedł więc dzień, w którym Dorothy postanowiła wprowadzić w życie groźbę i ukarać syna za niedotrzymanie warunków umowy.

Powiedziała mu, że jego nadużywanie substancji odurzających oraz nieodpowiedzialne zachowanie w pracy budzą w niej strach i gniew. Jack odparł, że jej decyzja świadczy o tym, iż go nie kocha i że jej na nim nie zależy. Dodał, że jako jego matka jest mu tak czy owak winna te pieniądze. Powiedział też, że jest na nią wściekły.

Dorothy odpowiedziała, że nie chce dawać mu pieniędzy na alkohol i narkotyki. Dodała, że go kocha i dlatego nie zmieni warunków dotyczących wypłacania kieszonkowego. Oskarżenia Jacka bardzo ją zabolały, ale ponieważ nie były zgodne z prawdą, pozwoliła, aby po niej spłynęły, i przełknęła swój ból, nie chcąc, żeby skaził atmosferę w pokoju. Jack wyszedł w gniewie; jego emocje pozostały niezmienione, nie został jednak dodatkowo obarczony dysfunkcjonalną energią uczuć matki. Na razie niczego nie ustalono.

Miłość Dorothy do syna z pewnością nie jest łatwa, lecz dzięki swojej prawidłowo funkcjonującej granicy dotyczącej słuchania Dorothy nie dała się wciągnąć w dysfunkcjonalny stan Jacka, polegający na użalaniu się nad sobą. Co ważniejsze, Dorothy dała mu do zrozumienia, że wciąż ma szansę otrzymywać od niej wsparcie, jeśli dotrzyma warunków umowy. Przekazała mu prawdę, nie odbierając mu jednocześnie swojej miłości. Piłka ponownie znalazła się na jego połowie boiska, skąd próbował się jej wcześniej pozbyć, manipulując uczuciami matki, oskarżając ją o brak miłości oraz twierdząc, że pieniądze należą mu się bez względu na jego zachowanie. Decyzja, którą podjęła Dorothy, choć dla niej bolesna, była jedynym funkcjonalnym wyjściem z sytuacji.

W podobnych chwilach, gdy podjęcie właściwej decyzji sprawia nam ból, warto jest się modlić – ludzie, którzy to potrafią, powinni uważać się za szczęśliwców.

*Boże, daj mi wewnętrzny spokój,
Abym przyjął to, czego nie mogę zmienić.
Odwagę, abym zmienił to, co mogę zmienić;
Oraz mądrość, abym odróżnił jedno od drugiego.*

Płacenie za siebie w restauracji

Kiedy jako młoda pielęgniarka pracowałam w Meadows, spotykałam się z Patem Mellody, kierownikiem ośrodka, który później został moim mężem. Miałam wtedy wiele nierozwiązanych problemów, o których czytelnicy mogli się dowiedzieć z rozdziału pierwszego. Miałam niską samoocenę i często starałam się nadrabiać ją udawaniem. Kilka takich prób miało miejsce podczas obiadów w restauracjach, na które zapraszał mnie Pat. Chociaż moja pielęgniarska pensja była dosyć mizerna, upierałam się, aby płacić za siebie. Nie akceptowałam jego sprzeciwów, byłam bardzo nieugięta i jak lew broniłam swych zasad. W końcu, po kolejnej takiej scenie przy płaceniu rachunku, Pat powiedział:

> Pia, upór, z jakim obstajesz przy płaceniu za siebie, staje się zawadą w naszym związku, ponieważ mam więcej pieniędzy niż ty. Zaczynam się zastanawiać, czy zapraszać cię na obiady – chociaż mam na to ochotę – ponieważ nie chcę nadwerężać twoich finansów. Chciałbym ci zaproponować negocjacje: umówmy się, że gdy oboje zgodzimy się, iż połowa rachunku przekracza twoje możliwości, wspólnie uzgodnimy, ile możesz zapłacić, a resztę zapłacę ja.

Dojrzały sposób, w jaki Pat postawił sprawę, przyniósł mi ulgę i sprawił, że moja samoocena znacznie się podniosła. Warto zwrócić uwagę na fakt, że Pat nie naruszył granicy dotyczącej mówienia, próbując rozszyfrować moje intencje i mówiąc coś w rodzaju: „Wiem, że próbujesz pozować na twardzielkę i tak pokrywasz brak pewności siebie". Nie użył wobec mnie poniżających określeń w rodzaju: „Przestań być takim głuptaskiem!". Nie był też fałszywy ani sarkastyczny i nie powiedział np.: „Do diabła, dobrze wiem, ile zarabiasz. Jestem w końcu twoim szefem, Pia. Nie zapominaj o tym!". Zamiast tego Pat potraktował mnie jak dorosłego człowieka, a ja zareagowałam jak na dorosłego człowieka przystało.

Nie przyszłaś na mój wykład

Kusi nas czasami, aby wykorzystać fakty świadczące na naszą korzyść i w ten sposób uniknąć odpowiedzialności za nasze postępowanie w relacjach z drugim człowiekiem – zasłaniamy się swoją niewinnością, aby odciągnąć uwagę od winy. Wyobraźmy sobie, że Ned zarzuca mi, że obiecałam przyjść w środę wieczorem na jego wykład dotyczący sztuki Apaczów, ale się nie zjawiłam. W związku z tym jest przekonany, że go nie kocham i nie zależy mi na nim. Z takiego właśnie powodu odczuwa gniew i ból.

Prawda? Nieprawda? Wątpliwa sprawa? Prawda była taka, że poszłam na wykład, jednak pod koniec wokół Neda zebrał się taki tłum, że nie mogłam do niego podejść, i odczekawszy dwadzieścia minut, poszłam do domu, ponieważ miałam coś do zrobienia. Zamierzałam później do niego zadzwonić i powiedzieć, że byłam na jego wykładzie, ale zajęłam się czymś i niestety zupełnie o tym zapomniałam.

Gdyby moja granica dotycząca słuchania nie funkcjonowała prawidłowo, to słysząc z ust Neda opis swojego postępowania, mogłabym odpowiedzieć, że zauważyłby mnie, gdyby tylko był nieco bardziej spostrzegawczy, a gdyby trochę bardziej mu na mnie zależało, nie poświęciłby tyle uwagi tłumowi, który go otoczył po wykładzie. Gdybym zareagowała w równie dysfunkcjonalny sposób, próbowałabym zgadywać, co nim kierowało po to, aby ukryć własne poczucie winy z powodu spóźnienia się na wykład i przedwczesnego wyjścia, a przede wszystkim z tego powodu, że po wszystkim zapomniałam do niego zadzwonić. Mogłabym rzucić sarkastycznie: „Widocznie lubisz być w samym centrum zainteresowania, nawet jeśli oznacza to ignorowanie przyjaciół".

Jeśli jednak moja granica dotycząca słuchania funkcjonowałaby prawidłowo, powiedziałabym Nedowi, że byłam na jego wykładzie, ale wyszłam, widząc otaczający go tłum ludzi. Dodałabym, że zapomniałam do niego zadzwonić, i przyznałabym, że był to z mojej strony błąd, za który go przepraszam. Na koniec powiedziałabym mu, że bardzo mi na nim zależy.

Artysta i krytyk

Kiedy dokonamy czegoś, z czego jesteśmy dumni i co uważamy za piękne i ważne, a tu nagle zjawia się krytyk i wystawia druzgocącą opinię naszemu dziełu – jak wtedy reagujemy? Jeżeli nasza granica dotycząca słuchania funkcjonuje prawidłowo, porównujemy to, co powiedział krytyk z własnym zdaniem na ten temat. Czy w świetle naszej prawdy słowa te były prawdziwe, nieprawdziwe, a może wątpliwe? Jeżeli według nas dzieło jest piękne, dochodzimy do wniosku, że opinia krytyka różni się od naszej, którą cenimy i która jest dla nas ważna. Może nas zaciekawić fakt, że ktoś ma inne zdanie niż my. Takie podejście wyraża nasz szacunek dla drugiego człowieka. Nie poniżamy go ani nie atakujemy, ale też nie przyjmujemy opinii, którą uważamy za niezgodną z prawdą.

Możemy także, wysłuchawszy uważnie tego, co nasz rozmówca ma do powiedzenia o naszym dziele, zmienić zdanie – ponieważ to, co usłyszeliśmy, odmieniło nasz pierwotny sposób postrzegania prawdy. Mówimy wtedy: „Niech się zastanowię" i dochodzimy do wniosku, że pod pewnymi względami nasz krytyk ma rację. Przyjmujemy wówczas jego opinię jako prawdziwą i dostosowujemy do niej własne emocje. W tym czasie nasza granica spełnia rolę filtra, dając nam szansę przemyślenia tego, co powiedział krytyk. W pierwszym scenariuszu odrzucaliśmy jego opinię, uznając jednocześnie jego prawo do odmiennego punktu widzenia. W drugim scenariuszu zmieniamy zdanie na temat własnych dokonań i przyjmujemy krytyczną opinię, co może być dla nas bolesne i krępujące zanim przyznamy, że taka jest prawda. Takie bolesne doświadczenia są jednak częścią życia, zwłaszcza twórczego. *C'est la vie!*

Rodzic czy krytyk?

W weekend poprzedzający premierę jej filmu młoda scenarzystka i reżyserka o imieniu Leila została poproszona o udział w programie telewizyjnym i rozmowę o swoim dziele. Podczas wywiadu Leila nie próbowała promować filmu, zamiast tego mówiła o swoich typowo ludzkich słabościach i wątpliwościach, które ujawniły się podczas jego realizacji. Mówiąc o nieprzewidywalnym charakterze procesu twórczego, młoda reżyserka otworzyła się i ze szczerością wyznała, jak podatni na zranienie bywają artyści.

Matka Leili, Vanessa, została zaproszona na przedpremierowy pokaz filmu, który bardzo jej się podobał; wyobraźnia i profesjonalizm córki napawały ją dumą, o czym zresztą Leili powiedziała. Tego rodzaju szczerość w stosunkach między nimi była pewną nowością: Vanessa, która jest rozwódką i samotną matką, w okresie dorastania córki była alkoholiczką, maltretowała ją i zachowywała się w autorytarny sposób. Od czasu, gdy przestała pić i zaczęła się leczyć, żałuje wielu krzywd, które wyrządziła swojej rodzinie, a przede wszystkim Leili. Dlatego też korzysta dzisiaj z każdej okazji, aby ją pochwalić.

Po programie Vanessa zadzwoniła do córki i powiedziała jej, że udzieliła wspaniałego i fascynującego wywiadu. Podobało jej się, że Leila nie promowała filmu z myślą o komercyjnym sukcesie, a zamiast tego szczerze i ciekawie opowiadała o trudnościach związanych z procesem twórczym. Następnie powiedziała: „Ale szczerze mówiąc, ludzie będą się dziwić, że nie wykorzystałaś takiej okazji, aby wypromować film, tak jak to się zwykle robi w Hollywood". Kiedy córka dziękowała jej za miłe słowa, Vanessa wyczuła w jej głosie zdenerwowanie. Leila powiedziała, że producenci filmu nie uważają, iż przegapiła dobrą okazję do promocji filmu; przeciwnie – sądzą oni, że wywiad zwróci uwagę na film i pomoże mu osiągnąć kasowy sukces.

Później, tego samego dnia Leila zadzwoniła do matki, aby powiedzieć, jak bardzo uraziła ją jej krytyka. Wyznała, że poczuła się zraniona i zła, iż matka wybrała zły moment, aby ją skrytykować. Dodała: „W tej chwili potrzebuję matki, a nie krytyka". Vanessa poczuła ból i gniew. Ogarnął ją wstyd.

Odpowiedziała, iż chciała jedynie wyrazić swój podziw wobec tego, że zamiast promować film, Leila mówiła o procesie twórczym. Dodała, że odczuwa ból i wstyd, słysząc, że córka poczuła się przez nią zraniona. Nie to było przecież jej zamiarem. Powiedziała Leili, że bardzo jej z tego powodu przykro. Córka uprzejmie wysłuchała, było jednak zupełnie jasne, że silne emocje, jakich doświadczyła,

Granice dotyczące mówienia i słuchania 119

mają głębszą przyczynę. Matka i córka uprzejmie zakończyły rozmowę, jednak obie były wytrącone z równowagi.

Podczas kolejnej rozmowy telefonicznej Vanessa wyznała córce, że obwinia się za to, iż ją zraniła. Tym samym matka niesłusznie wzięła na siebie odpowiedzialność za ból odczuwany przez jej córkę w związku z tym, jak Leila zinterpretowała słowa Vanessy. Granica wytyczona przez matkę nie spełniła swojej roli: Vanessa obwiniała się o to, co córka sobie pomyślała i co poczuła po rozmowie z nią. Gdyby w tym momencie można było cofnąć czas i ponownie odegrać tę scenę, Vanessa powinna była zrobić użytek ze swojej granicy dotyczącej mówienia i powiedzieć:

> Z tego, co mówisz na temat moich uwag dotyczących wywiadu, odnoszę wrażenie, że odebrałaś moje słowa jako krytykę, a nie wyraz wsparcia. Wydawało mi się, że dzieląc się z tobą moimi uwagami, okazuję ci wsparcie i daję odczuć, że jestem dumna z tego, jak się zachowałaś. Zamiast chwalić film, opowiadałaś o tym, jak go tworzyłaś. Widzę, że inaczej interpretujemy te słowa. Jest mi trochę przykro z tego powodu.

Vanessa odczuwała również gniew, lecz mówienie o tym nie byłoby dyplomatycznym posunięciem z punktu widzenia ich wzajemnych relacji, gdyż Leila nie była gotowa jej wysłuchać. Vanessa mogłaby jedynie dodać, że jest jej bardzo wstyd, że jej córka uważa ją za kogoś, kto mógłby ją boleśnie zranić w tak ważnym dla niej dniu.

Następnie matka powinna była wysłuchać tego, co córka ma jej do powiedzenia. Gdyby pomimo wyjaśnień Leila trwała przy swojej interpretacji jej słów, Vanessa powinna uszanować jej odczucia i uznać jej prawo do odmiennego zdania.

Reakcja córki była bowiem odbiciem jej dawnych relacji z matką alkoholiczką, która z pijackim uporem krytykowała ją przy każdej nadarzającej się okazji.

W tej sytuacji Vanessa mogłaby powiedzieć:

> Wiem, co działo się między nami, kiedy ty byłaś dzieckiem, a ja młodą matką. Wiem, że mówiłam wtedy różne rzeczy pod wpływem alkoholu oraz dlatego, że nie wiedziałam, jak powinien postępować rodzic. Wiem, że byłam wobec ciebie bardzo krytyczna i pod wieloma

względami cię skrzywdziłam, mogę więc zrozumieć, dlaczego wydawało ci się, że cię krytykuję, w końcu zawsze tak robiłam. Chciałabym cię jednak przeprosić za moje niestosowne zachowanie i wszystkie krzywdy, jakich doznałaś ode mnie w dzieciństwie. Chcę ci powiedzieć, że jestem naprawdę dumna z tego, czego dokonałaś.

Nie można oczywiście przewidzieć skutków takiej, jakże właściwej, szczerości, jeśli jednak istnieje jakakolwiek szansa na zbudowanie zdrowych relacji, należy zdobyć się na ten wysiłek. Dręczenie się poczuciem winy z powodu dawnych nadużyć nie przyniesie nam niczego dobrego. Naszym celem powinna być praca nad budowaniem udanego związku, a nie myślenie o wynikach. Nie możemy obarczać się winą za uczucia innych, nawet jeśli wiemy, jaką rolę odegraliśmy w ich traumatycznej przeszłości. Jak to mówią ludzie w AA: „Człowiek wiosłuje, ale Pan Bóg siedzi za sterem".

W naszym małżeństwie brak ognia

Clive miał wrażenie, że jego małżeństwo, dawniej pełne namiętności, stało się nudne i pozbawione ognia. Uważał, że to wina jego żony. Był tak nieszczęśliwy z tego powodu, że postanowił powiedzieć Virginii o swoich uczuciach. Oto jego słowa:

> Ostatnio nie poznaję w tobie kobiety, którą poślubiłem. Dawniej mieliśmy tyle wspólnych pasji: podobały nam się te same książki, chodziliśmy do teatru, podróżowaliśmy, interesowali mnie twoi przyjaciele, a ciebie moi. Uwielbialiśmy seks. Gdzie się podziała nasza ciekawość świata? Jak doszło do tego, że teraz wystarcza ci siedzenie przed telewizorem i oglądanie głupich oper mydlanych? Nie mogę tak dłużej żyć. Przecież wiesz, że nie żyje się wiecznie, a ja mam już czterdzieści siedem lat. Ciężko pracuję, podczas gdy ty siedzisz w domu, nic nie robisz i myślisz jedynie o tym, na jaką przejść dietę. Mam tego dosyć. Dopóki się nie otrząśniesz, nie widzę szans ocalenia naszego małżeństwa.

Bez wątpienia wypowiedź Clive'a była pełna oskarżeń i poniżająca dla Virginii. Założył, że jego spostrzeżenia są jedynymi zgodnymi z faktami. Nie widział żadnej nadziei dla tego związku ani nie proponował żadnego rozsądnego rozwiązania problemów. A gdyby

Granice dotyczące mówienia i słuchania

zrobił użytek ze swej granicy dotyczącej mówienia? Mógłby wtedy powiedzieć:

> Martwię się, ponieważ ostatnio życie przestało być dla mnie interesujące, zwłaszcza jeśli chodzi o nasz związek. Dawniej dobrze się razem bawiliśmy, robiliśmy wspólnie wiele rzeczy, mam jednak wrażenie, że z jakiegoś powodu odsunęliśmy się od siebie i nie wiem, dlaczego tak się stało. Nie potrafię powiedzieć, czy to moje zainteresowania się zmieniły, czy może twoje, ale przestało nas cieszyć to samo. Wspominam to, co nas kiedyś łączyło, i chciałbym choć część z tego odzyskać. Chcę porozmawiać z tobą i przekonać się, czy uda nam się ożywić nasze małżeństwo.

Reakcja Virginii – zarówno na pierwszą, dysfunkcjonalną wypowiedź męża, jak i na drugą, funkcjonalną – dowodzi złego funkcjonowania jej granicy dotyczącej słuchania. Wybuchła bowiem w dysfunkcjonalny sposób:

> Nie rozumiem, jak możesz mnie w ten sposób atakować. Myślałam, że mnie kochasz. Podejrzewam, że przez cały czas mnie okłamywałeś. Wiesz, nie jesteś już taki młody, pora więc spoważnieć. Ja też pracuję, muszę zajmować się domem. Jasne, że chciałbyś uganiać się za kobietami po całym świecie. Czy nie to właśnie robił twój kumpel Jim, kiedy porzucił Marshę po osiemnastu latach małżeństwa? A może nadeszła pora, abyś zrozumiał, że do tanga trzeba dwojga? Nie zawsze możesz stawiać na swoim. Wieki całe minęły od czasu, gdy szczerze ze mną rozmawiałeś i gdy byliśmy sobie naprawdę bliscy. Co to ma być, męska menopauza? Czy kiedykolwiek pomyślałeś o tym, jakim nudziarzem i egoistą się stałeś? Może byś tak spojrzał w lustro? Dlaczego to zawsze musi być wina kobiety?

Czy po wysłuchaniu powyższych oskarżeń można zachować wystarczającą równowagę, aby z potencjalnie emocjonalnej katastrofy uczynić szansę na nowy początek i produktywną rozmowę? Wiele osób mogłoby w takiej sytuacji zareagować, mówiąc: „Chrzanię ciebie i twoje problemy". Jest jednak lepsze rozwiązanie, o wiele mniej bolesne i dające dużo lepsze efekty. Funkcjonalna reakcja Clive'a na słowa Virginii i zapoczątkowany w ten sposób dialog mogłyby brzmieć następująco:

CLIVE: Ja także zauważyłem, że przestaliśmy dzielić nasze pasje; mam swój krąg przyjaciół, ty masz swój krąg przyjaciół i coraz bardziej oddalamy się od siebie. Nie uważam, aby było to do końca złe. Sądzę, że każde z nas powinno mieć własne zainteresowania. Chciałbym jednak, abyśmy postarali się robić więcej rzeczy razem – może nawet znowu zaczniemy chodzić na randki. Byłby to czas wyłącznie dla nas. Porozmawiajmy o tym, co chciałabyś robić, i przekonajmy się, czy będę potrafił ci w tym towarzyszyć. Pozostawmy sobie jednak również możliwość spędzania czasu oddzielnie, jeśli będziemy mieli na to ochotę.

VIRGINIA: To, co właśnie powiedziałeś, brzmi doskonale, ale ja bardzo się boję. A co ty czujesz? Też się boisz? Naprawdę się tym wszystkim denerwuję.

CLIVE: No cóż, też jestem zdenerwowany – od dłuższego czasu jestem z tego powodu zdenerwowany. Tyle razem przeszliśmy i tak wiele wspólnie stworzyliśmy. Nie chciałbym tego stracić, ale rzeczywiście oddalamy się od siebie.

VIRGINIA: Myślisz, że jest dla nas jakaś nadzieja?

CLIVE: Myślę, że byłoby dobrze, gdybyśmy porozmawiali o tym z kimś trzecim, gdybyśmy poszli razem na terapię.

VIRGINIA: Mówisz poważnie?

CLIVE: Jak najbardziej.

VIRGINIA: Mogę cię przytulić?

Opanowanie sztuki wytyczania granic dotyczących mówienia i słuchania to ciężka, wręcz rewolucyjna praca. Próby słuchania osób, które są nam bliskie, oraz rozmowy z nimi są nieustannie przerywane przez sygnały docierające do nas z naszej traumatycznej przeszłości. Wzbudzają one w nas przekonanie, że musimy się bronić, ponieważ w przeciwnym razie rozmówcy odkryją nasze słabości, a następnie upokorzą nas lub poniżą. Większość osób uważających się za normalne żyje w ciągłym napięciu, nie widząc niczego nienormalnego w zajmowaniu defensywnego lub agresywnego stanowiska, które ma ich uchronić przed zranieniem.

Dawno temu, kiedy po raz pierwszy usłyszałam, że osoby leczące się z alkoholizmu określają się na spotkaniach AA jako "wdzięczni wychodzący z nałogu", zastanawiałam się, jak ci ludzie mogą być wdzięczni za takie cierpienie i ból spowodowane chorobą alkoholową. Później zrozumiałam, że dopiero alkoholizm sprawił, iż poczuli się na tyle zdesperowani, aby nauczyć się czegoś o życiu i miłości. Gdyby owi wdzięczni alkoholicy byli bardziej „normalni", nigdy nie uznaliby za konieczną zmianę swojego niezdrowego *status quo*.

Przyczyną wielu problemów w naszych związkach jest podtrzymywanie stanu dysfunkcjonalnej normalności: myśli i emocje, które kieruje do nas partner, odbieramy jako wyraz jego wrogości i reagujemy milczeniem (budujemy wokół siebie mur) albo agresją (brak nam opanowania). W obu przypadkach dążymy, aby stać się niepodatnymi na zranienie, co uniemożliwia nam jednak funkcjonowanie w związku na zasadach wzajemnej bliskości.

Próby odcięcia się od resztek tkwiącego w nas dziecięcego wstydu, strachu, samotności i poczucia winy wypaczają naszą „dorosłą" osobowość i prowadzą do dysfunkcjonalnych zachowań. Ponieważ nie można uciec przed emocjonalnymi skutkami niezdiagnozowanej traumy z dzieciństwa, traktujemy prawdę o nas samych i o innych ludziach jako potencjalne zagrożenie dla poczucia wartości. Boimy się, że wyjdą na jaw nasze ukryte wady, o których istnieniu jesteśmy przekonani. Pozwalamy się manipulować siłom tkwiącym w dzieciństwie, nieświadomie odgrywając role narzucone nam przez dysfunkcjonalnych opiekunów.

Słuchając zwierzeń Rolanda, dyrektora sprzedaży w międzynarodowej firmie komputerowej, zdałam sobie sprawę, że tak głęboko tkwił w szponach traumy, że nie potrafił zrozumieć swojej całkowicie nieumiarkowanej reakcji na zachowanie żony, która zapomniała zadzwonić do niego w dniu jego urodzin. Roland był zupełnie nieświadomy swej traumatycznej przeszłości, nie mógł zatem zrobić użytku z granic dotyczących mówienia i słuchania i porozmawiać z żoną w funkcjonalny sposób. Pojąwszy to, postanowiłam poddać go terapii skutków traumy, ze szczególnym uwzględnieniem metody zwanej terapią krzeseł. Roland musiał poznać prawdę o swoim dzieciństwie, bez niej nie był bowiem w stanie oprzeć się kompulsywnej potrzebie atakowania i obwiniania, która niszczyła jego granice. Kiedy zaś nie istnieją granice, nie może istnieć związek. Bez związku nie ma przecież bliskości, bez bliskości nie ma miłości, a bez miłości droga duchowego rozwoju jest przed nami zamknięta.

Wytyczając granice, doświadczamy prawdy i szacunku, które są źródłem miłości. Tym samym uznajemy, że odkrywając przed ludźmi prawdę o tym, jacy jesteśmy, nie tracimy nic z poczucia własnej wartości. Jesteśmy ludźmi i chyba tylko ludźmi. Przychodzimy na świat jako wartościowe istoty i ta wrodzona, wewnętrzna wartość koegzystuje w nas z ludzkimi wadami. Terapia skutków traumy ma na celu odkrycie nadużyć, które wywołały „alergię" na nas samych – na naszą naznaczoną słabościami i niedoskonałościami ludzką naturę.

Opisane w następnym rozdziale pary, które zgłosiły się na terapię, zanim nauczą się wytyczać granice muszą najpierw pozbyć się stresu związanego z negatywnymi przeżyciami w okresie dzieciństwa. Wszyscy przejdą terapię krzeseł, którą opisałam bardzo szczegółowo w dodatku *Redukcja toksycznych emocji*.

9

Terapia traumy. Wstęp do nauki wytyczania zdrowych granic

> *„Jeśli masz problemy, obejrzyj się za siebie".*
> maksyma członków AA

Trauma seksualna

Przez niego czuję się brudna

Trish niedawno skończyła trzydzieści lat. Od pięciu lat była żoną Benjamina. Ich małżeństwo niestety przechodziło kryzys. Benjamin skarżył się na seksualną oziębłość Trish; miał jej za złe odrzucanie jego zalotów. „Dawniej tak nie było" – mówił. Na początku często wychodzili się napić, bo alkohol tłumił ewentualne niepokoje, w związku z czym seks był dla nich obojga satysfakcjonujący, chociaż – jak to później zrozumieli – nie było w nim *bliskości*.

Przez dwa lata poprzedzające terapię Benjamin czuł się tak sfrustrowany faktem, że Trish coraz bardziej się od niego odsuwa, że w zasadzie przestał się do niej zbliżać. Kiedy mówił jej otwarcie o swoich pragnieniach, ona zamykała się w sobie. Kiedy próbował działać powoli i ją adorował, udawała, że tego nie dostrzega. W końcu miał już dość traktowania go tak, jakby coś było z nim nie w porządku. Pragnął bardzo i potrzebował seksu, a nie chciał go szukać poza małżeństwem.

Trish zwierzyła się, że on „pożądliwie na nią patrzy". Seksualne zaloty męża sprawiały, że czuła się źle. Nazwała go oślizłym i, wypowiadając to słowo, zaczerwieniła się ze wstydu. Zastanawiała się, jak może myśleć w ten sposób o własnym mężu. Mimo że rozumiała niestosowność swoich emocji, nie dopuszczała jednak do siebie ich psychologicznych implikacji. Zamknęła się na jakąkolwiek analizę swojej emocjonalnej reakcji na zachowanie męża. Zamiast tego, zirytowana, oskarżała go w sposób, który miał usprawiedliwić jej reakcję: „On myśli wyłącznie o seksie" i „Jeśli ma problemy, to niech się na mnie nie odgrywa. Wciąż mnie krytykuje".

Na terapii Trish przyznała, że odsunęła się od Benjamina i stała się seksualnie oziębła. Ale – jak sama powiedziała – „nie miała zamiaru pozwolić, aby ją poniżano". Czytała nawet w jego myślach. Skarżyła się: „Wiem, że traktuje mnie jak obiekt seksualny. Właśnie dlatego czuję się taka brudna, kiedy się na mnie gapi". Trish była pewna, że z jej seksualnością wszystko jest w porządku. Winne sytuacji było zachowanie Benjamina. Powoli Trish zaczynała mieć go dosyć. „Co się złego stało z naszym małżeństwem?" – tym pytaniem podsumowała całą sprawę.

Fakt, że Benjamin i Trish zdecydowali się na terapię, stanowił światełko w tunelu. Mimo że niewiele wiedzieli o naturze swoich problemów i – co z tego wynikało – nie mogli ich rozwiązać bez pomocy z zewnątrz, ich gotowość do pracy nad sobą świadczyła, że są świadomi istnienia głębszych przyczyn kryzysu, chociaż na razie ich nie ogarniają.

Celem pierwszych spotkań Trish z terapeutą było ustalenie, czy jako dziecko nie miała jakichś traumatycznych doświadczeń w kontaktach ze swoimi najbliższymi opiekunami. Zamiast analizować jej obecną oziębłość seksualną lub dociekać, w jakim stopniu jej mąż jest za ten stan odpowiedzialny, terapeuta chciał odkryć, na jakim etapie życia Trish ukształtowały się jej zachowania seksualne. Czy w dzieciństwie przeżyła coś, co mogło wywołać u niej traumę seksualną?

Trish zaczęła więc opowiadać o swoich najbliższych i szybko zidentyfikowała ojczyma jako opiekuna, którego zachowanie wywarło na nią największy wpływ. Trish przypomniała sobie, że kiedy miała sześć lat, ojczym otwierał drzwi do łazienki podczas jej kąpieli i „gapił się na nią pożądliwie". Użyła dokładnie tego określenia: „pożądliwie". Na nowo przeżywała wstyd, obrzydzenie i strach, jakie wówczas czuła. Początkowo nie zdawała sobie sprawy, jak to doświadczenie na nią wpłynęło. Terapeuta dał jej czas, aby mogła opisać, co czuje – i w końcu się poddała. Płakała, zasłoniwszy swoją twarz dłońmi. Łkała tak mocno, że prawie nie mogła oddychać. Benjamin był obecny, gdy Trish wyrażała emocje z dzieciństwa, i widział, jak bardzo cierpi z powodu swych traumatycznych przeżyć. Przekonał się wtedy, jak silna może być reakcja osoby, u której na nowo otworzyły się niezabliźnione rany z przeszłości.

Terapeuta zapytał Trish, czy emocje, jakie budził w niej ojczym, nie są przypadkiem podobne do tych, jakich doznawała, obcując w sposób intymny z Benjaminem. Długo broniła się przed tą bolesną prawdą, ale w końcu przyznała, że tak właśnie jest. Wszyscy byli bardzo wzruszeni, gdy Trish spojrzała w oczy Benjaminowi i wyznała mu tę dziwną prawdę. Była to chwila naładowana pozytywnymi emocjami.

„Gapienie się" Benjamina wywołało u Trish stres, który sprawił, że emocjonalnie cofnęła się do czasów swojego dzieciństwa. Tkwiła tam uwięziona, niezdolna dostrzec prawdziwej natury uczuć męża i zareagować na nie w dojrzały sposób.

Przy pomocy terapeuty Trish zrozumiała, że gdy Benjamin zbliżał się do niej w sytuacjach intymnych, próbowała bronić się przed emocjonalnymi konsekwencjami zachowania ojczyma, który zwykł ją podglądać; budowała wokół siebie mur, odgradzając się w ten sposób od Benjamina, i ukrywała swój strach pod maską pogardy, jaką rzekomo w niej budził.

Terapeuta zapytał Trish, czy kiedykolwiek poskarżyła się matce, że ojczym ją molestuje, podglądając podczas kąpieli. Trish zaprzeczyła – nie chciała przysparzać matce kłopotów. I tak już wystarczająco często kłóciła się ze swoim nowym mężem. Trish nie chciała pogarszać sytuacji – tak to właśnie ujęła. Tym samym bardzo wcześnie utrwaliła w sobie przekonanie, że szczera rozmowa na tematy seksualne może zagrażać jej bezpieczeństwu; obawiała się, że utraci opiekę matki, a system rodzinny, na który matka pozwalała, rozpadnie się. Wolała więc cierpieć w milczeniu. Ta ucieczka w głąb siebie dała jej dysfunkcjonalne poczucie bezpieczeństwa i odcisnęła trwałe piętno traumy na jej osobowości.

Dzięki obecności i wsparciu Benjamina Trish zdobyła się na odwagę, żeby stawić czoło matce i ojczymowi podczas terapii krzeseł. Powiedziała matce, dlaczego bała jej się poskarżyć na ojczyma. Trish zanurzyła się głęboko w emocjach z dzieciństwa, a następnie pozbyła się ich, aby nie tkwiły w niej w formie zinternalizowanego wstydu. Po raz pierwszy szczegółowo opowiedziała innym swoją historię. Powiedziała nieobecnemu ojczymowi, że jego zachowanie było formą molestowania seksualnego, budzącą w niej gniew i uczucie poniżenia. Powiedziała mu ponadto, że jako sześciolatka była zbyt przerażona, aby mu to wszystko wykrzyczeć, i dlatego robi to teraz.

Trish zarzuciła swojej nieobecnej matce, że zawsze sprawiała wrażenie tak bardzo przygnębionej, że wolała nie obarczać jej swoimi problemami w obawie, aby matka całkiem się nie załamała. Dodała, że koncentrując się na mężu, matka zaniedbywała swoje obowiązki względem niej i nie okazywała córce tyle uczucia, ile powinna.

> Było mi wstyd, że ojczym patrzy na mnie w taki sposób, ale za bardzo się bałam, żeby ci o tym powiedzieć – miałaś w końcu własne problemy. Nie wiem jednak, jaki problem może być ważniejszy od tego, że twój własny mąż molestuje seksualnie twoją córkę. Powinnaś się wstydzić, mamo. Wiem, że się starałaś, jak mogłaś, ale moim zdaniem starałaś się niewystarczająco. Wstydziłam się za ciebie – przyjęłam ten wstyd jako własny i przeniosłam go do swojego małżeństwa. Najwyższa pora, żeby z tym skończyć. I właśnie to robię. Oddaję ci twój wstyd. Oddaję też ojczymowi jego wstyd. To nie ja powinnam się wstydzić.

Trish zrozumiała, że winę za jej seksualne problemy ponoszą ojczym i matka, którzy byli przyczyną tych traumatycznych doświadczeń – nie zaś jej mąż. Z kolei Benjamin, obserwując tak ciężką pracę żony nad sobą, zrozumiał, że jej zachowanie było skutkiem przeżytej w dzieciństwie strasznej traumy, a nie wyrazem niechęci do niego czy objawem skrajnej oziębłości seksualnej. Przestał zajmować w stosunku do Trish stanowisko defensywne i zaczął żonie naprawdę współczuć. Był gotów pomóc jej dojść do siebie.

Ze swojej strony terapeuta zachęcał Benjamina, żeby opowiedział Trish, jak się czuł, kiedy się od niego odsuwała – jednak bez obwiniania żony za stwarzanie niepotrzebnego dystansu. Ważne było, aby jego wewnętrzna granica dotycząca mówienia funkcjonowała prawidłowo; dzięki temu Benjaminowi udało się uniknąć wzajemnego obwiniania. „Kiedy się ode mnie odwracałaś – powiedział – czułem się tak i tak". Tu obiektywnie opisał swoje odczucia, nie nadając im ładunku emocjonalnego. Robiąc to, korzystał z granicy dotyczącej mówienia i nie obwiniał Trish.

Jednym z największych sukcesów terapii Trish i Benjamina było to, że Benjamin nauczył się rozmawiać z żoną o swoich odczuciach. Było to szczególnie ważne w chwilach, gdy czuł, że Trish znowu się od niego oddala. Benjamin mówił jej, jak odbiera jej zachowanie i co wtedy czuje. Prosił, żeby porozmawiała z nim i wyjaśniła, co się z nią dzieje.

Trish również nauczyła się dzielić z Benjaminem odczuciami i zamiast obarczać go winą za negatywne emocje, starała się znaleźć związek pomiędzy tym, co czuła, a swoim stosunkiem do ojczyma. Stopniowo zaczęła też być odpowiedzialna za swoje emocje i przestała stosować swą tradycyjną wymówkę: „To przez Benjamina czuję się w ten sposób".

Trauma fizyczna

Nic by ci się nie stało, gdybyś okazał mi trochę czułości

Pewna para miała problem z fizycznym wyrażaniem wzajemnego przywiązania. Niechętnie się dotykali, nie lubili stać zbyt blisko siebie ani patrzeć sobie w oczy. Marianne skarżyła się, że Harvey nigdy nie próbuje pierwszy nawiązać z nią fizycznego kontaktu; zauważyła również, że za każdym razem, gdy próbowała go czule dotykać – przytulała się albo kładła mu dłonie na ramionach – Harvey się odsuwał, dając do zrozumienia, że jej zachowanie nie sprawia mu przyjemności lub wręcz narusza jego granice fizycznego kontaktu.

Marianne i Harvey mieli dwie córki i syna; według Marianne, również w stosunku do nich Harvey rzadko zdobywał się na czułe gesty. Gdy dzieci próbowały się do niego przytulać, sprawiał wrażenie, jakby nie chciał być dotykany, jakby kontakt fizyczny z dziećmi go onieśmielał.

Terapeuta zapytał Harveya, co czuje, gdy żona próbuje okazywać mu czułość poprzez dotyk, on zaś przyznał, że nie czuje się wtedy dobrze. Po chwili zastanowienia określił odczuwane wówczas emocje jako strach i ból.

Następnie terapeuta zachęcił Harveya, aby opowiedział mu o swojej rodzinie i o tym, jak jej członkowie okazywali sobie czułość. Okazało się, że rodzice Harveya prawie w ogóle się nie dotykali. Harvey pamiętał, że nawet gdy przebywali w tym samym pokoju, siadali daleko od siebie. Nie przypominał sobie, aby kiedykolwiek patrzyli sobie głęboko w oczy. Jedyną formą fizycznego kontaktu, którą pamiętał z dzieciństwa, były kary fizyczne, które wymierzali mu rodzice, kiedy był niegrzeczny.

Harvey podzielił się z żoną i terapeutą swoimi odczuciami z dzieciństwa dotyczącymi braku fizycznego kontaktu z rodzicami. Powiedział, że czuł się bardzo samotny i miał wrażenie, że coś jest z nim nie w porządku. Zdał sobie sprawę z tego, że bardzo wcześnie utrwalił w sobie przekonanie o niestosowności wszelkich kontaktów fizycznych. W ten sposób tłumaczył sobie zachowanie rodziców. Harvey zrozumiał także, że jego wyraźna niechęć do tych kontaktów była dla innych sygnałem, aby go nie dotykać.

Marianne również opowiedziała o swoim dzieciństwie. Uważała, że matka w naturalny sposób okazywała jej czułość poprzez fizyczny kontakt: przytulała ją, całowała i poprawiała jej włosy. Także ojciec traktował Marianne z czułością, co dawało jej poczucie bezpieczeństwa. Tym większym szokiem była dla niej nagła zmiana w jego zachowaniu, gdy weszła w okres dojrzewania. Ojciec zaprzestał wtedy praktycznie wszystkich czułych gestów. Nie tylko zdawał się świadomie unikać fizycznego kontaktu ze swoją nastoletnią córką, ale także sprawiał wrażenie skrępowanego zawsze, gdy próbowała się do niego zbliżać. Analizując to doświadczenie, Marianne wielokrotnie stwierdzała, że czuła się wówczas opuszczona przez ojca, a przyczynę tego stanu upatrywała w fakcie, że stała się kobietą. W rozmowie z terapeutą na nowo przeżywała dawny ból. Zwierzyła się też, że na skutek tego doświadczenia czuła się nic niewarta.

Stało się jasne, że każde z małżonków przeżyło w dzieciństwie traumę związaną z fizycznym okazywaniem czułości. Zachęceni przez terapeutę, Marianne i Harvey odbyli terapię krzeseł, podczas której rozmawiali ze swoimi nieobecnymi rodzicami. Harvey podzielił się z nimi bolesnymi odczuciami związanymi z kompletnym brakiem fizycznego kontaktu w rodzinie. Powiedział rodzicom, że brak czułości z ich strony był dla niego dowodem na to, że coś jest z nim nie w porządku; wyobrażał sobie, że ma jakąś ukrytą wadę. Konfrontując rodziców z dowodami ich dysfunkcjonalnego zachowania, Harvey ponownie przeżywał emocje, których doświadczał, będąc dzieckiem. Czuł się samotny i bezwartościowy. Wrócił do stanu, w którym tkwiły korzenie jego obecnego poczucia braku własnej wartości. Gdy Marianne odsuwała się od niego zrażona jego obojętnością, Harvey czuł się opuszczony i nic niewart. Jak to możliwe, aby Harvey, który nikomu nie okazywał czułości, czuł się opuszczony w sytuacji, gdy inni mu jej nie okazywali?

Zaniedbując go, rodzice wzbudzili w nim podświadome poczucie wstydu. Ich niechęć do fizycznych kontaktów utwierdziła Harveya w przekonaniu, że coś jest z nim nie w porządku. Odtrącając żonę, Harvey próbował uciec przed nękającym go poczuciem wstydu. Czułe gesty, których tak mu brakowało w dzieciństwie, budziły w nim wspomnienie traumatycznych doświadczeń z przeszłości. Wracało przekonanie o własnej niedoskonałości. Nie potrafił okazywać czułości ani jej przyjmować. W trakcie terapii krzeseł Harvey miał okazję „zwrócić" rodzicom swój zinternalizowany wstyd.

Marianne wykorzystała zaś terapię krzeseł, by porozmawiać ze swoim nieobecnym ojcem i powiedzieć mu, jak odebrała fakt, że nagle przestał jej okazywać czułość. Opowiedziała o poczuciu opuszczenia, o bólu, jaki wówczas odczuwała, oraz o tym, jak bezwartościowa się wtedy czuła. Dodała, że jako nastolatka obwiniała własną kobiecość o to, że ukochany ojciec się od niej odsunął.

Po odbyciu terapii krzeseł Marianne zrozumiała, że pewne jej reakcje na zachowanie męża wynikały z przeżytej traumy spowodowanej nagłym chłodem ojca. Prawdą było jednak, że część z nich związana była z wieloletnim brakiem wzajemnej czułości w jej małżeństwie. Aby przerwać ten zaklęty krąg, zarówno Harvey, jak i Marianne, musieli ćwiczyć okazywanie sobie czułości poprzez świadome wytyczanie granic.

Terapeuta zachęcił Harveya, aby starał się okazywać żonie czułość poprzez kontakt fizyczny i dzielił się z nią towarzyszącymi temu emocjami, odnosząc je jednak nie do swoich obecnych relacji z Marianne, lecz do tego, co kiedyś wydarzyło się pomiędzy nim a jego rodzicami. Chociaż początki były bardzo trudne, Harvey nie ustawał w próbach wytyczenia zdrowych granic fizycznego kontaktu w relacjach z żoną i nauczył się traktować czułe gesty jako wyraz szacunku oraz odzwierciedlenie prawdy o relacjach w ich związku.

Gdy Harvey poczuł się pewniej, terapeuta poprosił Marianne, by zaczęła okazywać mężowi czułe gesty. Początkowo Harvey odczuwał dyskomfort spowodowany bliskim kontaktem fizycznym. Zdawał sobie jednak sprawę, że główną przyczyną takiego stanu rzeczy jest przeżyta w dzieciństwie trauma. Ponieważ gesty Marianne wyrażały jej szacunek do niego, Harvey miał poczucie, że może kontrolować stopień ich kontaktu fizycznego i dzięki temu nie czuł się zagrożony powrotem do stanu traumy. Stopniowo mur, który zbudował wokół siebie Harvey, żeby odciąć się od wszelkiej bliskości, zaczęły zastępować zdrowe granice kontaktu fizycznego, dopuszczające bliskość w warunkach prawdy i szacunku. Harvey powoli otwierał się również na innych.

Zdobywszy większą swobodę w bliskich kontaktach fizycznych z żoną, Harvey zaczął ćwiczyć się w nawiązywaniu bliższych kontaktów z dziećmi. Było to możliwe dzięki prawidłowo funkcjonującej granicy kontaktu fizycznego, odpowiedzialnej za opanowanie; przypominała mu ona nieustannie, że skrępowanie, jakie odczuwa, okazując dzieciom czułość poprzez fizyczny kontakt, jest pozostałością dawnej traumy i może zniknąć, jeśli tylko będzie tego chciał. Umiejętność wytyczania zdrowych granic pozwoliła Harveyowi stworzyć warunki, w których mogły się rozwijać miłość i szacunek.

Nie dawało to oczywiście stuprocentowej gwarancji, że Harveya i Marianne połączy trwała bliskość – była jednak nadzieja, że w ich małżeństwie coś zmieni się na lepsze.

Trauma intelektualna

Pogarda – maska wstydu

Cal skarży się, że utracił szacunek dla swojej żony Donny. Według niego Donna nie ma nic do powiedzenia na żaden temat – ani w ich prywatnych rozmowach, gdy dyskutują o polityce, muzyce czy wspólnych znajomych, ani podczas towarzyskich spotkań. Cal nie może zrozumieć, dlaczego pomimo braku własnego zdania Donna jest przez większość lubiana. To jest dla niego irytujące. Oskarża żonę, że stara się przypodobać innym, uśmiechając się do każdego na przyjęciach. Przyznaje, że ma jej za złe brak niezależności intelektualnej. Jeszcze bardziej drażni go fakt, że z tych samych powodów, które jego tak bardzo odpychają, pozostali uważają Donnę za miłą osobę. „Czego ona się do diabła boi?" – pyta Cal. Donna zdaje się niczym nie przejmować – jej lekkie podejście do życia sprawia, że Cal czuje się przy niej jak gbur. Ma wrażenie, że żona wycofała się ze związku emocjonalnie i intelektualnie. W związku z tym Cal czuje się bardzo samotny i przygnębiony. Od dwunastu lat uczestniczy regularnie w spotkaniach AA. Zwierza się terapeucie, że ma ochotę znowu zacząć pić.

W trakcie analizy dzieciństwa Donny terapeuta znajduje liczne dowody na istnienie zdrowych relacji intelektualnych w jej rodzinie. Jej rodzice swobodnie wymieniali poglądy. Donna wspomina, że lubiła przysłuchiwać się ich rozmowom; była też zachęcana przez rodziców do włączania się w ich dyskusje i przedstawiania własnych opinii. Donna przyznaje, że intelektualnie nie dorównuje Calowi; w jej naturze leży raczej podtrzymywanie rozmowy, nie zaś jej inicjowanie lub dominowanie w dyskusji. Zupełnie szczerze komplementuje swojego męża, mówiąc, że Cal to prawdziwy geniusz. Donna nie widzi potrzeby zajmowania przestrzeni intelektualnej, która słusznie mu się należy. Mówi o tym wszystkim z dużą pewnością siebie; ma właściwą samoocenę, a jednocześnie jest ujmująco skromna. Niemniej Donna uważa, że Cal przeżywa kryzys, za który obwinia ją. Kobieta boi się więc o swoje małżeństwo, które jest dla niej największym skarbem.

Następnie terapeuta odkrywa, że Cal był w dzieciństwie obiektem toksycznej miłości matki. Był dla niej bogiem; na jego wielkości budowała własną samoocenę. Cal był najmądrzejszy, najprzystojniejszy, najlepszy. Jego ojciec, pracoholik i odludek, rzadko bywał w domu, a kiedy już się pojawiał, on i matka bez przerwy kłócili się ze sobą. W powietrzu zawsze wisiała groźba przemocy. Matka przeniosła całą miłość na swego jedynego syna Cala. Dawała mu do zrozumienia, że jej życie zależy od jego miłości. Wpoiła mu też, że jego bezpieczeństwo jest zależne od jej dobrego samopoczucia.

Z jednej strony syn dorastał w poczuciu fałszywej wyższości, traktowany jak młody bóg. A z drugiej zaś wszyscy, którzy znali jego matkę, wiedzieli, że ma ona jednak osobowość maniakalno--depresyjną, nie potrafi logicznie myśleć i daje się ponosić emocjom do tego stopnia, że robi z siebie widowisko. Bardzo rzadko dawało się z nią rozsądnie rozmawiać. Rządziły nią skrajne emocje: czasami płakała z radości, bo świeciło słońce, a czasami zalewała się łzami rozpaczy, widząc wypadek drogowy w wieczornych wiadomościach. Cal opowiedział terapeucie, jak to pewnego razu, gdy spędzali z matką weekend w domu na wsi, próbował jej bezskutecznie wytłumaczyć związek między temperaturą piekarnika a soczystością mięsa kurczaka, mając dość jej kiepskiego gotowania. Dla matki tylko jedno było zupełnie jasne: jej życie zależało od Cala, a Cal był bogiem. Do dziś, jedząc zbyt wypieczone mięso, Cal odczuwa wewnętrzny ból.

Kiedy Cal skończył dwanaście lat, zdał sobie sprawę, że jego matka jest chora; tym samym podkopane zostało jego poczucie wyższości – okazało się bowiem, że pochodziło z bardzo podejrzanego źródła. Przekonanie o własnej boskości wciąż jednak tkwiło w jego psychice; matka zdążyła mu je wpoić, zanim skończył pięć lat. Chcąc właściwie odgrywać narzuconą mu przez matkę rolę, musiał zachowywać się tak, jakby rzeczywiście był bogiem. Jednocześnie czuł, że jego poczucie wyższości to pusta iluzja. Gdyby przemawiał jak bóg, byłoby to kłamstwem. Gdyby przyznał, że jego wyższość to fałsz, zdradziłby matkę i cierpiałby ze wstydu.

Uciekając przed szaleństwem swojego dysfunkcjonalnego domu, zrobił użytek z rodzinnego majątku i został wykładowcą akademickim, powszechnie podziwianym za geniusz oraz jasność wypowiedzi. Ubierał się jak angielski dżentelmen i pił za trzech. Zanim skończył trzydzieści osiem lat, zdążył być kilka razy na odwyku. Gdy po raz trzeci zatrzymano go za jazdę po pijanemu, trafił do AA. Ale od dwunastu lat nie pije. Z Donną pobrali się, gdy on miał dwadzieścia pięć lat. Mają troje dzieci, wszystkie uczą się w dobrych szkołach. Jego matka niedawno zmarła. Cal nie potrafił jej opłakiwać.

W trakcie terapii krzeseł ten wykształcony, elegancki, elokwentny mężczyzna na samo wspomnienie zmarłej matki zaczynał bełkotać. Krzyczał, że nigdy nie rozumiała tego, co do niej mówił. Zarzucał jej, że nawet gdyby urodził się idiotą i tak wmawiałaby mu, że jest jej małym Einsteinem. Nieudane małżeństwo nie dawało jej prawa do przywłaszczenia bezwzględnie jego duszy i wykorzystywania go do zaspokajania swojej rozpaczliwej potrzeby bycia kochaną.

Terapeuta zapytał Cala, co czuje, gdy jego żona Donna powstrzymuje się przed wygłaszaniem własnych opinii lub nie stara się dorównać mu intelektualnie. Cal odpowiedział, że odczuwa pogardę. Następne pytanie brzmiało: co dokładnie w zachowaniu żony uważa za godne pogardy? Cal odparł, że Donna nie mówi, co naprawdę myśli, i nie wyraża swoich prawdziwych uczuć. Jak się czuje, kiedy jego prawdziwe myśli i uczucia nie są rozumiane? – pytał dalej terapeuta. Czy musiał zmagać się z podobnymi odczuciami, kiedy wychowywała go matka? „Każdego dnia" – odparł Cal. Czuł się tak za każdym razem, kiedy otwierał usta.

Na tym etapie Cal nie potrzebował już zachęty terapeuty, aby mówić – zupełnie jakby znalazł dawno napisany tekst, który wiele lat przeleżał zapomniany w kieszeni marynarki:

> Kiedy widzę kogoś, kto wydaje się intelektualnie obojętny lub zagubiony, przypomina mi się moje dzieciństwo, to, że jako dziecko nie potrafiłem przekazać, o co mi chodziło, i nie byłem wysłuchiwany. Zwodzę się, wierząc że to, co wówczas czuję, to pogarda; pogarda daje

mi poczucie wyższości, a matka nauczyła mnie, że tylko będąc lepszym od innych, mogę być bogiem. Tymczasem tak naprawdę odczuwam wtedy wstyd – wstyd, że jestem fałszywym bogiem, kimś, komu rodzice niczego nie przekazali. Wolę pogardzać innymi, niż doświadczać bezradności i wstydu z powodu władzy, której nie posiadam.

Donna była świadkiem tego zaskakującego objawienia swojego męża. Gorąco współczuła mu cierpień spowodowanych przez więzy, które sam sobie nałożył. Donna miała zdrową samoocenę i była świadoma tego, że w żaden sposób nie przyczyniła się do problemów męża. Żyła z nim od dwudziestu pięciu lat i widziała, jak nieomal zapił się na śmierć. Ofiarowała mu szacunek i miłość, a mimo to Cal wciąż tkwił w szponach traumy z dzieciństwa. Donna cierpiała i była przerażona.

Donna i Cal wspólnie przyznali, że terapia Cala napotkała poważną przeszkodę. Terapeuta zaproponował Calowi dłuższe leczenie w klinice, na które Cal wyraził zgodę. Przebłyski prawdy, które dostrzegł podczas terapii małżeńskiej, nie zostały zapomniane i procentowały. Obecnie, na polecenie terapeuty, Cal w codziennej modlitwie powtarza słowo „pogarda".

Trauma emocjonalna

Wściekłość głośna i cicha

Na terapię zgłosiło się dwóch mężczyzn. Guy narzeka, że jego partner Steve często wpada we wściekłość. Guy czuje się lepszy od Steve'a i uważa jego zachowanie za szczeniackie, wybuchy wściekłości pogrążają zarazem Steve'a w oczach Guya. Jednocześnie Guy boi się wybuchów partnera.

Z kolei Steve skarży się, że Guy często zamyka się w sobie i jest nazbyt milczący. Steve próbuje go nakłonić do rozmowy, ale bez skutku. Nie mija wiele czasu, a Steve zaczyna krzyczeć na Guya, chcąc sprowokować jakąkolwiek reakcję z jego strony. Wtedy Steve wpada we wściekłość.

Ojciec Steve'a był prawdziwym furiatem. Steve pamięta, że to od niego nauczył się wybuchów niekontrolowanej wściekłości.

Ojciec Guya również łatwo wpadał w furię; z tego powodu Guy nie lubił go i starał się trzymać od niego z daleka. Oparcie znalazł w matce, która współczuła mu i często powtarzała, że ojciec okropnie się zachowuje, atakując go w napadach wściekłości. Guy ma dwa wspomnienia z dzieciństwa związane z agresją: albo doświadczał jej ze strony ojca furiata, albo rozmawiał o niej ze współczującą matką, która wyraźnie ją krytykowała. Guy wyrósł w tym przekonaniu, że wszelkie przejawy gniewu są niewłaściwe i ranią innych.

W kontaktach ze Steve'em Guy – przekonany, że pokazywanie gniewu jest równoznaczne z byciem agresorem – nie potrafił wyrażać tego uczucia. Zamiast tego tłumił go w sobie, wierząc, że gdyby tego nie robił, stałby się równie okrutny i nieznośny dla otoczenia jak jego ojciec i tym samym skrzywdziłby matkę.

Podczas gdy Guy tłumił w sobie gniew, Steve wybuchał, kopiując pozbawione granic, agresywne zachowanie ojca, którego wybuchy wściekłości naśladował jako dziecko. Ponieważ „przeniesiony gniew" jednakowo łatwo jest sprowokować, tłumiąc agresję, jak i samemu wybuchając, Guy prowokował Steve'a, powściągając swój gniew równie skutecznie, jak gdyby na niego nawrzeszczał. Od rodziców Guy nauczył się, że wyrażanie gniewu jest aktem karygodnej agresji. Z kolei Steve nauczył się od ojca, że nie trzeba przestrzegać żadnych granic w kontakcie z kimś, kto w jakikolwiek sposób przejawia gniew – nieważne, czy go w sobie tłumi, czy otwarcie wybucha.

W trakcie terapii krzeseł Steve pracował nad pozbyciem się toksycznych emocji. Podczas konfrontacji z nieobecnym ojcem potępił jego wybuchy wściekłości. Przyznał, że wchłonął agresję ojca, która przybrała formę agresji zinternalizowanej. Następnie Steve zwrócił ojcu dźwigany przez te lata ciężar zinternalizowanej agresji oraz wstyd, który ojciec winien był odczuwać w związku ze swoim zachowaniem, a który przeniósł się na syna, stając się przyczyną jego problemów. Steve powiedział ojcu, że Steve tak naprawdę był to jego wstyd i że już nie zamierza dźwigać wstydu za ojca ani chwili dłużej.

Z kolei Guy musiał zrozumieć, na czym polega różnica pomiędzy agresywnym wyrażaniem wściekłości a uzasadnioną asertywnością. Z czasem nauczył się wyrażać swój gniew w sposób asertywny, robiąc też użytek z granicy dotyczącej mówienia, co pozwoliło mu na prawdziwie szczere, i co za tym idzie, bliskie relacje ze Steve'em.

Następnie, podczas konfrontacji z nieobecną matką, Guy zakwestionował wpojone mu przez nią przekonanie, że wszelkie formy wyrażania gniewu są niedopuszczalne, ponieważ przypominają zachowanie jego ojca. Matka popełniła poważny błąd, traktując syna tak, jakby był dojrzalszy od jej męża, a swojego ojca. Pozwalając chłopcu osądzać ojca, dała mu poczucie fałszywej wyższości, nie wyposażając go jednocześnie w narzędzia poznawcze, które pomogłyby mu zrozumieć agresywne zachowanie jednego z rodziców. Będąc zbyt młodym, aby zrozumieć różnicę pomiędzy brutalną agresją a asertywnością wynikającą z szacunku wobec samego siebie, Guy przeżył traumę związaną z formami wyrażania negatywnych emocji i przeniósł to doświadczenie na relacje ze Steve'em, tłumiąc gniew, jaki wobec niego odczuwał.

Pracując z Guyem i Steve'em, terapeuta uczulił tego ostatniego na sytuacje, w których Guy miał zwyczaj się zamykać. Steve zrozumiał, że tłumiony gniew Guya prowokuje go do niekontrolowanego wybuchu wściekłości. Będąc świadomym psychodynamiki swojego problemu, Steve nauczył się hamować zinternalizowany gniew, a także oczyszczać się z jego toksyn i wychodzić zza muru swojej wściekłości.

Guy otrzymał wskazówkę, aby przez cały czas kontrolować emocje. Za każdym razem, gdy odczuwał gniew, miał go wyrażać bezpośrednio wobec partnera, korzystając właśnie z granicy dotyczącej mówienia.

W zaskakująco krótkim czasie zaklęty krąg agresji został przerwany, a Guy i Steve, wyposażeni w prawidłowo funkcjonujące granice, mogli od tej pory naprawdę cieszyć się wzajemną bliskością, której tak im brakowało.

10

Maksymy do stosowania w związkach

Bóg jest dobry, ale nasi rodzice są popieprzeni. Biorąc to pod uwagę, mamy czego oczekiwać od życia.

Anonim

1. Nie można budować związku w oparciu o bycie miłym.
   Będąc dla kogoś miłym, zamiast szczerym, nie pokazujemy mu swojego prawdziwego oblicza. Manipulujemy wtedy tą osobą, tworząc iluzję związku, w którym odgrywamy rolę miłego partnera. Rola ta nie ma nic wspólnego z prawdą i bliskością i dlatego nie służy budowaniu związków.

2. Nie można być jednocześnie czułym i chłodnym. Kiedy nam na kimś zależy, troszczymy się o niego.
   Musimy być blisko partnera i poświęcać mu uwagę. Musimy reagować na jego potrzeby i okazywać zaangażowanie. Troska wiąże się zazwyczaj z kontaktem fizycznym. Oddalenie, zamiast podsycać miłość, sprawia, że stajemy się dla siebie coraz bardziej obcy. Czy zostawiłbyś chorego przyjaciela w potrzebie, żeby obejrzeć transmisję rozdania Oscarów?

3. Jeżeli chętnie osądzamy innych, być może cierpimy na przerost systemu wartości.
   Jeżeli jest wiele rzeczy, których nie akceptujesz lub które uważasz za jedynie słuszne, bezustannie będziesz kogoś krytykować. Kiedy zauważamy, że czyjeś zachowanie nie odpowiada naszemu

systemowi wartości, pierwszą rzeczą, którą robimy, jest ocenianie go. Utwierdzamy się w przekonaniu, że ta osoba jest „zła", stawiając się tym samym na pozycji kogoś lepszego, kto może patrzeć z góry na gorszych od siebie. W rezultacie mamy bardzo rozbudowany system wartości i bardzo wąskie grono przyjaciół.

4. Odczuwanie wstydu nie przeszkadza w budowaniu relacji z innymi ludźmi.
Naturalny, niewymuszony wstyd wynika z naszego poczucia, że ktoś zobaczył nas takimi, jakimi jesteśmy naprawdę: ludzkimi i niedoskonałymi. Odczuwając naturalny wstyd, wiemy, że nie jesteśmy istotami nadprzyrodzonymi. Dzięki temu nie oceniamy pochopnie partnera i potrafimy zachować pokorę. Wstyd pozawala nam być takimi, jakimi naprawdę jesteśmy – ani lepszymi, ani gorszymi. Pokora polega właśnie na dostrzeganiu swoich mocnych i słabych stron, a nie na negowaniu własnych wartości.

5. Każdy z nas decyduje o swoim zachowaniu. Świat decyduje o jego konsekwencjach.
Nie możemy przewidzieć konsekwencji wszystkich swoich zachowań – kontrolujemy bowiem jedynie własny przekaz, a nie jego odbiór. Konsekwencje naszych zachowań wynikają z tego, co ludzie myślą o naszych uczynkach i jak na nie reagują. Często w grę wchodzi przypadek, a przecież nie możemy kontrolować ani innych ludzi, ani ślepego przypadku. Wyrażenie: „Poddaj się i pozwól działać Bogu" zawiera w sobie podstawowe przesłanie tej maksymy, podobnie jak koncepcja „poddania się losowi".

6. Powinniśmy się spotykać wyłącznie z ludźmi, których na tyle podziwiamy, by móc ich krytykować.
Randki mają służyć poznaniu prawdy o potencjalnym partnerze. Często jednak, poznając kogoś, kto nas naprawdę pociąga, wolimy ignorować prawdę, zamiast ją poznawać. Koncentrujemy się wyłącznie na zaletach naszego nowego wybrańca i próbujemy odrzucać wszystko, co się nam nie podoba. W miarę upływu

czasu następuje odwrotna sytuacja: zaczynamy dostrzegać wady partnera i ignorować jego zalety.

7. Kroczmy własną ścieżką i całe życie bacznie obserwujmy, kto się na niej pojawia.
Szukanie partnera nie powinno przypominać polowania. Kiedy żyjemy w zgodzie z samym sobą, jesteśmy wystarczająco pewni siebie i zrelaksowani, aby spokojnie czekać na pojawienie się właściwej osoby. Spokój wyraża wiarę i wewnętrzną równowagę, czyniąc nas bardziej atrakcyjnymi dla innych. Te osoby, które zwrócą na nas uwagę, zrobią to z właściwego powodu.

8. Kiedy ludzie zamknięci w sobie uczą się wytyczać zdrowe granice, początkowo czują się nadzy i podatni na zranienie.
Kiedy, zamiast wytyczać zdrowe granice, budujemy wokół siebie mur, utwierdzamy się w przekonaniu, że nikt nie może nas zranić. Nic nas nie dotknie. Nic nas nie urazi. My też nikogo nie urazimy. Płynące z tego poczucie władzy jest iluzją, którą karmimy się, ukryci za wysokim murem. Nie pozwala nam ona budować z nikim relacji i sprawia, że jesteśmy samotni. Kiedy ktoś przyzwyczai się do takiej sytuacji, nagłe zniknięcie muru i zastąpienie go granicami może spowodować, że będzie czuł się nagi i bezbronny.

9. Chowanie do kogoś urazy przypomina zażywanie trucizny w nadziei, że zaszkodzi ona naszemu wrogowi.
Uraza to gniew ofiary. Litość dla samego siebie to ból ofiary. I jedno, i drugie to naturalne emocje, które nie są toksyczne w sytuacji, kiedy rzeczywiście naruszono nasze granice. Uraza i litość dla samego siebie są bardzo ważne wtedy, gdy czujemy, że ktoś wyrządził nam krzywdę i potraktował tak, jakbyśmy byli nic niewarci. Emocje te pozwalają nam się skutecznie bronić. Jednak w sytuacji, gdy tylko uważamy się za ofiarę, a w rzeczywistości nią nie jesteśmy, gdy chcemy odegrać się na kimś, kto wcale nas nie skrzywdził, stajemy się nieprzyjemni i działamy na własną szkodę. Jeśli na przykład reagujemy niechęcią na pełną

erudycji uwagę partnera na temat opery i uznajemy go za aroganckiego, wynika to właśnie z naszej niskiej samooceny. To, że coś nam nie wyszło – nie zaproszono nas na przyjęcie, nasza praca semestralna została źle oceniona albo kiepska pogoda popsuła nam urlop – nie znaczy, że zostały naruszone nasze granice. W takich przypadkach chowanie urazy i litowanie się nad sobą jest równoznaczne z zatruwaniem samego siebie i sprawia, że stajemy się swoim własnym katem.

10. Czerpiąc poczucie własnej wartości z zewnętrz, nigdy nie będziemy mieć wysokiej samooceny.
Źródło naszej samooceny tkwi w nas samych. Czerpiąc poczucie wartości z kontaktów z innymi, zastępujemy ją poczuciem „cudzej wartości", która zmienia się zależnie od tego, co myślą o nas inni. Samoocena oparta na przekonaniu o swojej niezaprzeczalnej i niezmiennej wewnętrznej wartości nie podlega wahaniom na skutek zmiennych sądów otoczenia.

11. Seks to nie to samo co uściśnięcie ręki, zjedzenie posiłku czy opróżnienie pęcherza.
Kiedy jesteśmy niepodatni na zranienie, łatwiej jest nam podejmować kontakty seksualne. Z tego też powodu przedmiotowy seks może stać się niebezpiecznym nawykiem, przekładającym się nawet na kontakty seksualne z partnerem, na którym nam w gruncie rzeczy zależy.
Jeśli traktujemy seks jako formę nawiązywania znajomości, świadczy to o tym, że nie potrafimy dbać o własne dobro. Decydujemy się wtedy na intymność z kimś, kogo dobrze nie znamy. Takie emocjonalne otwarcie się na obcego człowieka może być niebezpieczne. Z kolei traktowanie seksu jako przyjemnego sposobu rozładowywania popędów jest wyrazem cynizmu.

12. Kiedy wytyczamy granice w kontakcie z osobą ich pozbawioną, czuje się ona porzucona.
Osoby niepotrafiące wytyczać w swoim życiu zdrowych granic są przyzwyczajone do przesadnie bliskiego kontaktu fizycznego

i naruszania prywatności innych ludzi. Czują się zagrożone próbami zachowania naturalnego fizycznego dystansu, wynikającego z wytyczonych przez partnera granic. Z kolei osobom przyzwyczajonym do budowania wokół siebie murów trudno jest zastąpić je zdrowymi granicami; a jeśli już to zrobią i odważą się w sposób kontrolowany otworzyć na innych, czują się często nazbyt obnażone i bardzo podatne na zranienie.

13. „Gdy nie pozwalasz mi się kontrolować, czuję się porzucony". W ten sposób wiele dysfunkcjonalnych matek myśli o swoich dzieciach, a wielu z nas o swoich partnerach. „Kiedy nie chcesz postępować zgodnie z moimi oczekiwaniami, odbieram to jako dowód, że mnie nie kochasz. Gdybyś mnie kochał, postąpiłbyś tak, jak sobie tego życzę". Inną wersją tego stwierdzenia jest powiedzenie: „Kiedy wytyczasz mi granice, czuję się bezradny". Innymi słowy, „Kiedy próbuję tobą manipulować, a ty zaczynasz korzystać z wytyczonych przez siebie granic, nie mogę osiągnąć tego, co chcę, i odczuwam bezradność". To dobry przykład na to, że ludzie, u których system granic funkcjonuje prawidłowo, potrafią silnie, choć niedostrzegalnie, oddziaływać na innych.

14. Miłość, która stawia warunki, jest niedojrzała i nigdy nie będzie satysfakcjonująca dla dziecka.
Przesłanie takiej miłości brzmi: „Szanuję cię tylko wtedy, gdy starasz się być takim, jakim chcę, abyś był" i dziecko odbiera je jako tożsame ze stwierdzeniem: „Kiedy jesteś sobą, nie jesteś wart mojej miłości".

15. Związek z osobą nieprzytomną jest niemożliwy.
Ta maksyma ma dwa znaczenia. Po pierwsze niemożliwe są zdrowe relacje z partnerem uzależnionym od środków odurzających. W drugim znaczeniu osoba nieprzytomna to osoba dysfunkcjonalna, nieświadoma swojej traumatycznej przeszłości i niezdolna do zaniechania wynikających z niej kompulsywnych zachowań. Z taką osobą również nie można budować związku.

16. Nowy związek nie może się rozpocząć, dopóki nie skończymy opłakiwać poprzedniego.

    Mówi się także, że „żal mija dopiero wtedy, kiedy mija". Jeśli angażujemy się w nowy związek, zanim minie ból, jaki odczuwamy po zakończeniu poprzedniego, nasze myśli i emocje nie mają się kiedy wyciszyć i odzywają się echem w nowym związku, w którym nie powinno być dla nich miejsca. Również rozpoczynając nowy związek, zanim zakończymy poprzedni, postępujemy tak, jakbyśmy traktowali go jako sposób na uwolnienie się od wcześniejszych zobowiązań – jako pewne wyjście awaryjne. W ten sposób manipulujemy innymi ludźmi, co nie służy budowaniu zdrowych relacji.

17. Łatwiej jest poradzić sobie z alkoholikiem, którego się zna, niż z trzeźwym człowiekiem, który jest nam obcy.

    Ten punkt mógłby nosić podtytuł „Skarga współuzależnionego": „Kiedy nie panowałeś nad sobą, mogłem cię kontrolować; teraz, gdy zaczynasz stawać na nogi, zaczynam się czuć niepotrzebny. Skoro nie mogę się już tobą opiekować, co innego mi pozostaje?". Kiedy związek oparty jest na potrzebie opiekowania się alkoholikiem i polega na naprawianiu wyrządzonych przez niego krzywd oraz negowaniu jego zachowań dysfunkcjonalnych, „opiekun" może utracić kontakt nie tylko z tym prawdziwym „ja" partnera-alkoholika, lecz także z sobą samym.

18. Miłość to przyznanie, że ktoś jest dla nas ważny. Nie możemy go wtedy kochać zbyt mocno.

    Kiedy kochamy kogoś z właściwych powodów, oddajemy mu się w pewnych granicach i w sposób wyrażający nasz szacunek wobec samych siebie. Nikt nie manipuluje naszymi emocjami. Tego rodzaju bliskość sprawia, że dostrzegamy w naszym partnerze tylko to, co jest prawdziwe. A przecież takiej miłości nigdy nie jest za wiele.

19. „Nie potrzebuję niczyjej pomocy, aby wytyczać własne granice". „Wytyczone przeze mnie granice chronią nas oboje: mnie przed tym, jak mnie postrzegasz (bez względu na to, jak złe miałbyś o mnie zdanie), ciebie zaś przed moim gniewem". Tak można w skrócie podsumować funkcję granicy dotyczącej słuchania chroniącej nas przed napływającymi z zewnątrz informacjami oraz granicy dotyczącej mówienia chroniącej innych przed naszymi rozmaitymi słowami i emocjami.

20. Jeśli sami się nie szanujemy, nie możemy oczekiwać, że ktoś będzie nas kochał i szanował.
Jeśli jesteśmy przekonani o braku własnej wartości, nikt nie zdoła nas przekonać, że jesteśmy godni miłości i mamy wewnętrzną wartość. Takie słowa stałyby bowiem w zbyt wielkiej sprzeczności z tym, w co wierzymy.

21. Problemów w związku nie da się rozwiązać przez małżeństwo. Małżeństwo może jedynie nasilić istniejące problemy. Celem małżeństwa jest zaangażowanie się w związek z partnerem, a nie rozwiązywanie problemów. Odwrotnością tej maksymy jest twierdzenie: „Udany związek to najlepsze lekarstwo dla małżeństwa".

22. Nie ma kogoś takiego, jak dziecko z nieprawego łoża. Okoliczności poczęcia dziecka mogą być wątpliwe, ale nie jest wątpliwa jego wewnętrzna wartość.

23. Terapia w dużej mierze polega na samoakceptacji. „Rzadko w stu procentach osiągam to, czego chcę. Ale to, co udaje mi się osiągnąć, w zupełności mi wystarcza".

24. Równowaga nie polega na życiu pomiędzy skrajnościami. Albert Einstein zauważył kiedyś, że jeśli położymy jedną rękę na rozpalonym piecu, a drugą włożymy do zamrażalnika, nie będziemy odczuwać dyskomfortu. Nie można utrzymać równowagi w kajaku, przechylając się najpierw gwałtownie na

jedną, a za chwilę na drugą stronę. Einstein rozumiał rządzące wszechświatem zasady fizyki, można podejrzewać, że rozumiał także siły rządzące ludzką psychiką. Życie raz w jednej, raz w drugiej skrajności niszczy naszą umiejętność budowania zdrowych i dobrych związków. Ucząc się powoli wyważonych zachowań, przybliżamy się do największego daru, jaki zna psychologia: poczucia wewnętrznej równowagi.

11

Odnaleźć równowagę

W nieruchomym punkcie krążącego świata.
Ani cielesnym, ani bezcielesnym.
Ani od, ani ku. W nieruchomym punkcie, tam trwa taniec,
Ani bezruch, ani ruch. Nie mówcie mi, że to stałość,
Ze stygnie i co będzie, to było. Ani ruch od czegoś, ani ku czemuś,
Ani w górę, ani w dół. Gdyby nie punkt, nieruchomy punkt,
Nie byłoby tańca, a jest jedynie taniec.
Mogę powiedzieć, że t a m byliśmy raz: ale nie wiem gdzie.
I nie mogę powiedzieć jak długo, bo nikt nie umieści go w czasie.

T.S. Eliot, „Burnt Norton"
(przeł. Czesław Miłosz)

Wewnętrzna równowaga jest kluczem do naszego duchowego szczęścia. Chociaż duchowość nie jest zazwyczaj kojarzona ze stanem ludzkiej psychiki, w moim przekonaniu wewnętrzna równowaga spełnia podobną rolę jak rządzące naturą prawa fizyki, takie jak prawo grawitacji czy zasada zachowania energii. Kiedy podstawowe elementy naszej osobowości pozostają w równowadze, a my postępujemy w zgodzie z nimi, przestrzegając jednocześnie wytyczonych granic, automatycznie odzyskujemy właściwą samoocenę. Gdybym miała narysować koło symbolizujące życie człowieka, w samym jego centrum umieściłabym *równowagę*, z której rozchodziłyby się koncentrycznie szprychy koła, czyli atrybuty naszego „ja". Kiedy przestrzegamy wytyczonych granic, koło zostaje puszczone w ruch i budowana jest nasza samoocena, a my wracamy do swego duchowego domu – miejsca, w którym możemy być sobą.

Dwa największe kłamstwa, jakie rodzice przekazują dzieciom, brzmią: „Jesteś lepszy od innych" i „Jesteś gorszy od innych". Tymczasem dziecko, jak każda inna istota ludzka na naszej planecie, ma swoją wrodzoną, wewnętrzną wartość. Nie mówimy tu o jakości, która podlega porównaniom, lecz o absolutnej i niezaprzeczalnej wartości, którą każdy z nas posiada. Różnimy się od siebie pod wieloma względami, ale nie pod względem wewnętrznej wartości.

Dysfunkcjonalni, niedojrzali rodzice krzywdzą swoje dzieci, wpajając im przekonanie, że są lepsze lub gorsze od innych. W przypadku przekazu o treści „jesteś gorszy" zawarta w nim agresja budzi w dziecku wstyd i poniża je. W sytuacji, gdy rodzice budzą w dziecku poczucie fałszywej wyższości, zaczyna się ono stawiać ponad swoimi opiekunami i przejmuje władzę w dysfunkcjonalnej rodzinie, stając się opiekunem rodziców.

Jednak bez względu na to, czy rodzice poniżają dziecko (mówiąc mu, że jest gorsze od innych), czy też rozwijają w nim poczucie fałszywej wyższości (wmawiając, że jest lepsze od innych), bez względu na to, czy traktują je jak Kozła Ofiarnego czy Małego Bohatera lub Bohaterkę, w każdym przypadku wyrządzają mu naprawdę olbrzymią krzywdę. Żadna z powyższych ról nie odpowiada przecież prawdziwemu „ja" ich dziecka. Kozioł Ofiarny to zły bożek. Mały Bohater lub Bohaterka to dobry bożek.

Poniżane i zawstydzane dzieci postrzegają swoje ludzkie niedoskonałości jako godne potępienia wady. To zgubne kłamstwo staje się dla nich prawdą. Zaczynają żyć w fałszywej i zniekształconej rzeczywistości, wierząc, że z powodu swoich wad nie zasługują na niczyją miłość – nawet Boga. Tymczasem ich tkwiący w poczuciu fałszywej wyższości rówieśnicy nie uznają żadnego boga poza sobą. To przekonanie staje się dla nich toksycznym ciężarem na całe życie.

Te wczesne rany, zadane nam w dzieciństwie przez rodziców, pozostawiają głębokie, duchowe blizny. Analizując symptomy osiowe, można zauważyć zaburzenia równowagi u dzieci, które doznały w dzieciństwie nadużyć; dzieci te czują się „lepsze" lub „gorsze", a zamiast wytyczać zdrowe granice, budują wokół siebie mury lub całkowicie odrzucają wszelkie zahamowania. Stają się przesadnie zależne lub bronią się przed jakąkolwiek zależnością. Nazbyt wierzą w swoje umiejętności poznawcze, nie potrafią odróżnić prawdy od kłamstwa. Bywają aroganckie, ale i mogą nienawidzić samych siebie; ich zachowanie jest sztywne lub też pozbawione wszelkich hamulców; zamykają się w sobie albo eksplodują energią; są nad wiek dojrzałe lub przeciwnie zbyt dziecinne. Takie dzieci kroczą krętą duchową ścieżką, nie mogąc odnaleźć wewnętrznej równowagi emocjonalnej.

Symptomy osiowe, będące skutkiem urazów doznanych w dzieciństwie, prowadzą do zachowań ekstremalnych: „Jestem gorszy od innych" – „Jestem lepszy od innych"; „Buduję wokół siebie mury" – „Nie mam i nie wytyczam żadnych granic"; „Jestem dobrym człowiekiem" – „Jestem złym człowiekiem"; „Chcę, żeby inni mi pomagali" – „Nie potrzebuję absolutnie niczyjej pomocy"; „Jestem za bardzo sztywny" – „Reaguję nazbyt emocjonalnie". Droga do uzdrowienia wiedzie pomiędzy tymi skrajnościami.

Osoby, które nie wytyczają żadnych granic mogących kontrolować ich zachowanie, reagują nazbyt emocjonalnie. Wydaje im się, że mogą robić wszystko, na co tylko mają ochotę – niczym pozbawiony wszelkiej odpowiedzialności bóg. Jeżeli zamiast wytyczać granice, budujemy wokół siebie mur, stajemy się zbyt sztywni we własnych zachowaniach: zamykamy się w sobie, manifestujemy swą wyższość, chętnie osądzamy i kontrolujemy innych. Stajemy się bogiem lub dyktatorem: „Siadaj i milcz. Powiem ci teraz, co masz robić". Praca nad wytyczaniem zdrowych granic pomaga nam też eliminować powyższe skrajności.

Związek dwojga ludzi stwarza doskonałe warunki do drażnienia dawnych, bolesnych ran. Zazwyczaj to najbliższe nam osoby uruchamiają w nas reakcję łańcuchową: dotykają zaburzonych przez traumę aspektów naszej osobowości i wywołują w ten sposób nasze skrajne reakcje.

Pracując nad poprawą relacji moich klientów z otoczeniem, staram się przede wszystkim dostrzec w nich tę pierwotną ranę. Sama jestem doskonałym przykładem: noszę w sobie ranę z okresu niemowlęctwa, ponieważ matka źle się mną opiekowała. W wieku trzech lat zostałam ponownie zraniona, gdy zgwałciła mnie banda chłopaków. W wieku lat siedmiu zdałam sobie sprawę, że mój ojciec mnie nienawidzi. Kolejna rana zadana, gdy miałam dwanaście lat, kiedy uwierzyłam, że jestem zupełnie sama na świecie i nie mogę oczekiwać wsparcia – pamiętam, że byłam z tego powodu wściekła.

Obecnie wiem już na tyle dużo o sobie samej, że gdy tylko coś lub ktoś podrażni jedną z moich dawnych ran, potrafię stwierdzić, z jakim okresem mojego dzieciństwa związane są określone emocje. Odróżniam emocje związane z raną, którą otrzymałam jako niemowlę, wiem, jak boli rana trzylatki, która odzywa się w sytuacjach intymnych zbliżeń. Wiem, co poczuję, gdy ktoś podrażni ranę siedmioletniej dziewczynki – dzieje się tak wtedy, gdy wydaje mi się, że ważny dla mnie mężczyzna traktuje mnie tak, jakbym była gorsza od innych. Kiedy ktoś bliski zawiedzie moje zaufanie, odzywa się ból w ranie zadanej, gdy miałam dwanaście lat. Znam samą siebie na tyle, aby to wszystko wiedzieć.

Staram się nauczyć moich klientów rozpoznawania emocji związanych z drażnieniem dawnych ran i cofaniem się do czasów traumatycznego dzieciństwa (na przykład niemowlęctwa lub wieku siedmiu lat). Chcę, aby w takiej sytuacji natychmiast zdawali sobie sprawę, że oto przemawiają przez nich wewnętrzne skrajności. Jeżeli zauważą u siebie emocje, które po raz pierwszy odczuwali w wieku pięciu lat lub wcześniej, powinni wiedzieć, że będą czuli się gorsi od innych i źli; że staną się przesadnie zależni, będą reagować nazbyt emocjonalnie, a brak granic sprawi, że przestaną się kontrolować. Jeżeli traumatyczne wspomnienia i związane z nimi emocje pochodzą z późniejszego okresu, osoby takie będą się wywyższać, zbudują wokół siebie mur, będą czuć się lepsze od innych, pozbawione potrzeb i pragnień oraz zaczną przejawiać sztywne cechy osobowości.

Czasami trudno jest precyzyjnie stwierdzić, który z pierwotnych elementów naszej osobowości doznał uszczerbku i jest przyczyną dysfunkcjonalnych zachowań; obserwując jednak, w jaki sposób przejawia się nasz brak równowagi, możemy określić wiek, w jakim zostały zadane nam rany. Jeżeli powodem naszych dysfunkcjonalnych zachowań jest wcześnie przeżyta trauma, będziemy reagować w sposób przesadnie emocjonalny, całkowicie poza kontrolą. Jeżeli przeżyliśmy traumę w późniejszym okresie, będziemy przesadnie kontrolować siebie i innych, a jeśli w dzieciństwie nas poniżano, będziemy manipulować innymi, stając się od nich przesadnie zależni.

Najlepszym sposobem odzyskania równowagi jest baczne obserwowanie siebie w sytuacjach, które prowokują nasze dysfunkcjonalne reakcje. Kiedy jesteśmy świadomi zadanych nam ran, potrafimy określić źródło doświadczanych emocji oraz okoliczności, które je sprowokowały. Możemy następnie uspokoić wewnętrzne dziecko, mówiąc mu, że teraz czuwa nad nim funkcjonalny dorosły, który nauczy je dobrze wytyczać granice i ochroni przed cierpieniem.

Tak to już jest, że gdy terapeuta stara się „wyprostować" kłamstwa dotyczące bycia lepszym lub gorszym, wskazując klientowi drogę do odzyskania wewnętrznej równowagi i właściwej samooceny, angażuje się nie tylko w leczenie psychiki, lecz także w leczenie duszy. Podczas terapii klienci przechodzą długą drogę od kłamstwa do prawdy i odkrywają pierwszą ważną duchową zasadę o tym, że Bóg jest Prawdą. Uczą się również kochać samych siebie, co z kolei uświadamia im drugą duchową zasadę mówiącą, że Bóg jest Miłością. Każdy rodzaj terapii, który zajmuje się skrajnymi zachowaniami, mającymi źródło w dziecięcej traumie – bez względu na to, czy chodzi o wytyczanie granic, czy o symptomy osiowe dotyczące samooceny, potrzeby zależności, obiektywnej oceny rzeczywistości, czy wyrażania swojej rzeczywistości z pewnym umiarem – ma za cel przeciwstawienie się kłamstwu i zamianę tego kłamstwa w prawdę.

Aby poznać prawdę, musimy osiągnąć taki stan, w którym możliwe będzie jej zaakceptowanie. Nie możemy być rozproszeni ani uwikłani w obronę czy atak. Musimy nauczyć się opanowania. Gdy panujemy nad sobą w kontaktach z partnerem, okazujemy mu w ten sposób naszą miłość, a jednocześnie udowadniamy, że kochamy samych siebie takimi, jakimi naprawdę jesteśmy. Gdy wytyczamy granice, chcąc chronić swoje „ja" w sytuacji intymnej bliskości, okazujemy w ten sposób szacunek nie tylko wobec siebie, ale także wobec osoby, która się do nas zbliżyła; udowadniamy wtedy że szanujemy ją taką, jaką naprawdę jest. W obu wspomnianych przypadkach okazujemy miłość sobie i partnerowi.

Jeśli chodzi o postrzeganie rzeczywistości, nauka wytyczania granic pomaga nam poznać prawdę o tym, kim jesteśmy. Uświadamia nam, że Bóg jest Prawdą. W przypadku zaburzeń samooceny wytyczanie granic umożliwia nam też odbudowę poczucia własnej wartości, ucząc akceptacji naszych potrzeb. To zaś uświadamia nam, że potrzeby te zostaną zaspokojone, ponieważ Bóg jest Miłością. Kiedy uczymy się panować nad sobą, granica odpowiedzialna za opanowanie pozwala nam chronić nasze „ja" i z ufnością okazywać szacunek drugiemu człowiekowi – urzeczywistniają się wówczas dwie najważniejsze duchowe zasady: ta, która mówi, że Bóg jest Prawdą, i ta głosząca, że Bóg jest Miłością. Podstawą pracy nad sobą jest nauka życia w prawdzie oraz kochania samych siebie i innych. Dlatego też terapia głębokich skutków traumy polega przede wszystkim na leczeniu duszy klienta.

Otwierając się na swoją duchowość, otwieramy się na głos naszego prawdziwego „ja". Niektórzy nazywają ów głos pamięcią. Przypomina to nastawianie radioodbiornika: wybieramy właściwe pasmo, łączymy się z boską energią i odnajdujemy w niej ukojenie, radę, pokój, łaskę i miłość.

Duchowa równowaga to ostateczny cel naszej wędrówki – dowód na to, że zostaliśmy uleczeni. Do celu tego wiedzie jedna droga i jest nią autentyczna bliskość w relacjach z naszymi partnerami. Wiemy, że jeśli na tej drodze pojawiają się przeszkody, to zostały one na niej umieszczone we wczesnym dzieciństwie, kiedy to na skutek błędów popełnianych przez niedojrzałych rodziców wielu z nas przeżyło traumę i nauczyło się potępiać własną naturę – to, co ja nazywam doskonałą niedoskonałością. Chcąc uciec przed poczuciem, że coś jest z nimi nie w porządku, ofiary traumy przystosowują się do dysfunkcjonalnej rzeczywistości, a skutki tego przystosowania prześladują je w dorosłym życiu, uniemożliwiając budowanie zdrowych związków opartych na prawdziwej bliskości. Możemy się jednak na nowo nauczyć bliskości, poznając źródło naszych traumatycznych doświadczeń i ucząc się wytyczać zdrowe granice. Dysponujemy też odpowiednimi narzędziami, aby odzyskać istotną bliskość, za którą właśnie tak bardzo tęsknimy. W tym sensie, jak już powiedziałam na początku, możemy narodzić się na nowo.

Codziennym dowodem tego odradzania się jest życiodajna bliskość, którą możemy się cieszyć w relacjach z naszymi partnerami. To już olbrzymi dar sam w sobie, ale możemy jednak otrzymać jeszcze większy – obecność w naszym życiu Wyższej Siły. Życzę, abyście tej obecności doświadczyli.

DODATEK

Redukcja toksycznych emocji. Warsztaty. Terapia krzeseł

Myśli me zaległa ciemność –
Nazwij to pustką lub ogołoceniem,
Rozwianiem wszystkich obrazów. Nie było
Znanych postaci, codziennych przedmiotów,
Drzew, morza, nieba, zmiennej pól zieleni.
Wielkie, potężne kształty, które nie tak
Jak ludzie żyją, z wolna przechodziły
Za dnia przez umysł, nocą sen trapiły.
William Wordsworth,
Preludium, Księga Pierwsza
(przeł. Zygmunt Kubiak)

Łudzę się daremnie
Ze z form zewnętrznych mogą wniknąć
w serce moje
Namiętność, moc i życie: wewnątrz są ich
zdroje.
Samuel Taylor Coleridge, „Przygnębienie.
Oda napisana 4 kwietnia 1802"
(przeł. Zygmunt Kubiak)

Jesteś tak chory, jak twoje sekrety.
Maksyma AA

Terapia krzeseł polega na redukowaniu toksycznych emocji lub, jak mówimy w Meadows, to terapia, która jest podstawową formą leczenia skutków traumy. W poprzednich rozdziałach wielokrotnie podawałam przykłady osób, które poddają się tej terapii, chcąc stawić czoło traumatycznym przeżyciom z dzieciństwa. Jednak ta najbardziej dramatyczna i zindywidualizowana forma terapii jest tak wielkim przeżyciem, że chciałabym, aby czytelnicy przyjrzeli się jej z bliska. Umieściłam opis terapii krzeseł na końcu książki, jako dodatek, ponieważ demonstruje on praktyczne zastosowanie teorii opisywanych w *Drodze do bliskości*. Poniższe przykłady czerpałam z warsztatów redukcji toksycznych emocji, prowadzonych przeze mnie w Meadows. Moim zamiarem było nie tylko pokazanie, czym jest taka właśnie terapia dla naszych klientów, lecz także zaprezentowanie wiedzy, bez której nasi terapeuci nie mogliby dobrze wykonywać swojej uzdrawiającej pracy.

Przygotowanie

Terapeuta lub psycholog organizuje grupę, uzyskuje od klienta pozwolenie na dotykanie go, poleca pozostałym członkom grupy wytyczyć swoje granice i analizuje informacje uzyskane od klientów poddających się terapii. Charakterystyczne etapy warsztatów redukcji toksycznych emocji to: ustawianie krzeseł dla najbliższych opiekunów klienta zidentyfikowanych właśnie jako sprawcy traumy, terapia wewnętrznego dziecka lub wewnętrznych dzieci, integracja funkcjonalnego dorosłego, praca z listą oraz redukcja toksycznych emocji.

Kroki poprzedzające redukcję toksycznych emocji

Na czynności interwencyjne, poprzedzające właściwą redukcję toksycznych emocji, składają się:
- Uświadomienie klientowi natury przeżytego w dzieciństwie nadużycia lub traumy.
- Uświadomienie klientowi zewnętrznych lub wewnętrznych objawów współuzależnienia.

- Wywiad z klientem na temat przeżytego w dzieciństwie nadużycia lub traumy.
- Określenie obecności i siły wewnętrznego dziecka lub wewnętrznych dzieci oraz funkcjonalnego dorosłego.
- Terapia wewnętrznego dziecka lub wewnętrznych dzieci.
- Integracja funkcjonalnego dorosłego.

Wywiad z klientem jest ważnym krokiem poprzedzającym redukcję toksycznych emocji. W trakcie rozmów z terapeutą klienci ujawniają niezwykle istotne dla powodzenia terapii informacje na temat swojego dzieciństwa. Ich zwierzenia pozwalają terapeucie określić rodzaj toksycznych emocji, jakie klient dźwiga za swoich opiekunów.

Zanim rozpocznie się terapia wewnętrznego dziecka lub wewnętrznych dzieci, terapeuta określa pozycję i siłę zranionego dziecka, przystosowanego dorosłego zranionego dziecka oraz funkcjonalnego dorosłego. Przed przystąpieniem do redukcji toksycznych emocji wewnętrzne dziecko zostaje wydobyte w ramach przygotowania, a następnie na to miejsce zostaje wprowadzony funkcjonalny dorosły.

Terapeuta musi jeszcze zapoznać się z formami nadużyć doznanych przez klienta, aby móc określić, jakich emocji klient doświadczał w dzieciństwie w związku z każdym odnotowanym przypadkiem nadużycia i jakich emocji doświadcza obecnie jako dorosły człowiek, wspominając każdy z tych przypadków.

Terapeuta koncentruje się na słowach wyrażających wstyd oraz sformułowaniach będących dowodem na to, że klient czuł się bezwartościowy i odnotowuje je, aby je później wykorzystać podczas redukcji poczucia wstydu.

Ustawianie krzeseł

Terapia grupowa powinna odbywać się w pomieszczeniu na tyle dużym, aby można było ustawić w nim krzesła w kształt litery U. Dwa krzesła zostają umieszczone na łuku, a pozostałe po bokach, w dwóch prostych rzędach. Klient poddający się redukcji toksycznych emocji i terapeuta siadają na łuku, terapeuta siedzi po prawej stronie klienta. Pozostali członkowie grupy zajmują krzesła stojące w rzędach.

Powyższe ustawienie krzeseł może ulec zmianie w sytuacji, gdy terapeuta określi klienta jako całkowicie przystosowane dorosłe zranione dziecko; jest to osoba nieświadoma lub negująca istnienie swoich wewnętrznych ran. W takim przypadku terapeuta może – w ramach zaplanowanych czynności interwencyjnych – usiąść po lewej stronie swojego klienta. Taki układ sprowokuje ujawnienie się zranionego dziecka.

Przygotowanie klienta

Terapeuta prosi klienta, aby usiadł wygodnie na krześle, ze stopami opartymi na podłodze, a dłońmi spoczywającymi na udach. Klient otrzymuje zapas chusteczek higienicznych.

Przypomnienie celu terapii

Terapeuta wyjaśnia klientowi, na czym polega proces redukcji toksycznych emocji: klient przekaże skumulowane w sobie negatywne emocje swojemu najbliższemu opiekunowi, z którym w dzieciństwie był w toksycznym związku. Podczas redukcji toksycznych emocji uwalniana jest zarazem negatywna energia. Jednym z efektów terapii jest to, iż klient przestaje dysfunkcjonalnie reagować na codzienne życiowe doświadczenia (przesadne reakcje) oraz na ewentualne nadużycia, kórych doświadcza w dorosłym życiu (reakcje niewystarczające). Terapeuta przypomina również klientowi, że to on kontroluje cały proces i może go w każdej chwili przerwać.

Redukcja toksycznych emocji to niezwykle zindywidualizowana forma terapii. Nie ma jednej drogi, którą należałoby iść.

Uzyskanie pozwolenia na dotyk

Terapeuta prosi klienta poddającego się redukcji toksycznych emocji o pozwolenie na dotykanie go, precyzując też, co ów dotyk miałby oznaczać.

Klienci mają natychmiast poinformować terapeutę, jeśli dotyk jest dla nich przeszkodą w procesie terapeutycznym; w każdej chwili mogą wycofać swoje pozwolenie dotyczące dotykania, a jeśli w jakimś momencie potrzebują ze strony terapeuty wsparcia w formie dotyku, powinni mu o tym od razu powiedzieć.

T – terapeuta, K – klient

PRZYKŁAD:
T: Czy mogę cię dotknąć, żeby ci pokazać, w jaki sposób będę okazywał ci wsparcie poprzez dotyk, jeżeli mi na to pozwolisz? Czy mogę dotykać twoich pleców – w tym miejscu? Mogę również okazać ci wsparcie, dotykając twojego kolana – w ten sposób. Jeżeli wolisz, żebym cię nie dotykał, powiedz mi o tym. Jeżeli chciałbyś, abym dotykiem okazywał ci wsparcie, również mi o tym powiedz.

Kiedy terapeuta prosi klienta o pozwolenie na dotykanie go, powinien zapytać jasno i konkretnie: „Czy nie masz nic przeciwko temu, żebym cię dotykał?".

Terapia wewnętrznego dziecka lub wewnętrznych dzieci

Ustawianie krzeseł

Jeżeli wcześniej ustalono, że wewnętrzne dziecko lub dzieci klienta zajmą miejsce na krześle, krzesło zostaje ustawione w odpowiednim miejscu na samym początku terapii wewnętrznego dziecka lub też wewnętrznych dzieci. Jeden z członków grupy zostaje poproszony o zajęcie na nim miejsca w taki sposób, aby móc dotknąć kolan klienta.

Jeżeli klient życzy sobie, aby krzesło stało dalej niż na odległość ramienia, członek grupy odsuwa się wraz z krzesłem na taką odległość, jaką wskaże klient. Klient proszony jest o wskazanie dokładnego miejsca, w którym krzesło ma zostać ustawione; odległość, na jaką krzesło zostanie odsunięte, ma być taka, aby klient czuł się komfortowo.

PRZYKŁAD:
T: Wskaż taką odległość, dzięki której będziesz czuł się komfortowo. Nie za blisko. Nie za daleko. Jeżeli w trakcie rozmowy ze swoim wewnętrznym dzieckiem stwierdzisz, że wolałbyś odsunąć lub przybliżyć krzesło, daj mi znać i krzesło zostanie na pewno przesunięte.

Ustawienie ciała

Klient jest proszony o zamknięcie oczu i zrelaksowanie się poprzez głębokie i regularne oddychanie.

Blokada myśli i emocji

Terapeuta pyta klienta, o czym myśli i co czuje, a następnie rozpoczyna identyfikację blokad myśli i emocji.

PRZYKŁAD:
T: Co czujesz?
K: Niepokój.
T: Zastanów się i powiedz mi, jakie myśli wywołują ten niepokój.
K: Boję się.
T: Może boisz się, jak wypadniesz albo tego, czego się dowiesz?
K: Tak.
T: Której z tych rzeczy się boisz?
K: Tego, jak wypadnę.

Terapeuta odnosi się do obaw klienta.

PRZYKŁAD:
T: Zapewniam cię, że w tej terapii nie ma jednej właściwej drogi. Stanie się to, co się stanie, i tak będzie dobrze. Postaraj się być autentyczny. Niczego nie zmyślaj. Jeżeli nic nie czujesz ani nie widzisz, po prostu powiedz: „Niczego nie widzę ani niczego nie czuję". Mów

prawdę. Jeżeli sam czegoś nie pamiętasz, po prostu to powiedz. To wystarczy. Doświadczenie ma ci pomóc nawiązać kontakt z samym sobą. Nie może to ci się nie udać. Pamiętaj, że jest to proces – można go rozpocząć i przerwać w dowolnym momencie.

Po tym, jak terapeuta odniesie się do wszystkich obaw klienta, on proszony jest o skoncentrowanie się lub odprężenie za pomocą głębokiego i regularnego oddychania. Następnie terapeuta pyta go, co w tej chwili czuje.

PRZYKŁAD:
T: Weź głęboki wdech i postaraj się opisać te emocje, jakich doświadczasz, zwracając się ku swemu wnętrzu.

Ważne jest, aby przed przejściem do kolejnego etapu blokady myśli i emocji zostały usunięte. Często tylko wystarczy skłonić klienta do nazwania emocji i mówienia o nich, aby samodzielnie zaczął je kontrolować.

Dziecięce emocje

Jeżeli w trakcie identyfikacji blokad myśli i emocji klient zaczyna odczuwać dziecięce emocje związane z dawną traumą, terapeuta może poprosić go o ich zanalizowanie. Jeśli na przykład na skutek wydarzeń z dzieciństwa klient odczuwa strach, terapeuta prosi go, aby głośno to przyznał.

PRZYKŁAD:
T: Chcę, żebyś powiedział: „Odczuwam dziecięcy strach, taki sam, jaki odczuwałem w obecności ojca, bowiem był on tak przerażający".

Silne emocje

Jeżeli na jakimś etapie terapii wewnętrznego dziecka lub wewnętrznych dzieci klient zaczyna odczuwać silne emocje, terapeuta zachęca go, aby głośno to przyznał. Prosi również klienta, aby go natychmiast informował o wszelkich dziecięcych emocjach, jakie odczuwa. Gdy klient odczuwa dziecięcy ból, terapeuta zachęca go, aby ten ból wypłakał. Jeżeli natomiast klient odczuwa strach, ma o nim głośno mówić.

Wydobywanie wewnętrznego dziecka lub wewnętrznych dzieci

Terapeuta pomaga klientowi wyobrazić sobie i zidentyfikować swoje wewnętrzne dziecko. Jeżeli mamy do czynienia z więcej niż z tylko jednym wewnętrznym dzieckiem, klient koncentruje się kolejno na każdym dziecku.

PRZYKŁAD:
T: Chcę, żebyś nawiązał teraz kontakt ze swoim „trzecim okiem" – chodzi o to miejsce na czole, na którym koncentrujemy się z zamkniętymi oczami, chcąc wywołać jakiś obraz. Chcę, żebyś zajrzał w głąb siebie i przekonał się, czy potrafisz odnaleźć w sobie energię, która jest emanacją twojego przystosowanego dorosłego zranionego dziecka. Czy coś w tym momencie dostrzegasz?

Gdy klient nie odpowiada, terapeuta kontynuuje rozmowę.

PRZYKŁAD:
T: W twoim ciele jest wiele miejsc, w których może być ulokowana energia. Może się znajdować w klatce piersiowej, głowie, w twoim brzuchu. Powiedz mi, co widzisz.

Terapeuta zachęca klienta, aby opisał swoje przystosowane dorosłe zranione dziecko. Jeśli klient nadal ma problemy z wyobrażeniem go sobie, terapeuta kontynuuje umiejętnie naprowadzanie klienta.

PRZYKŁAD:
T: Rozmawialiśmy wcześniej o tym, że tkwi w tobie przystosowane dorosłe zranione dziecko, które posiada wielką siłę. Jak się czujesz, kiedy się w nie zmieniasz?
K: Jakbym miała sześć lat.
T: Czujesz się tak, jakbyś miała sześć lat. Chcę teraz, abyś wyobraziła sobie samą siebie w wieku sześciu lat. Widzisz siebie w tym wieku?

K: Tak.

Gdy przystosowane dorosłe zranione dziecko zostanie zidentyfikowane, terapeuta prosi klienta, żeby opisał takie dziecko. Rozpoczyna się dialog między klientem a jego własnym dzieckiem.

PRZYKŁAD:
T: Jak ma na imię?
K: Sally.
T: Chcę, żebyś z nią porozmawiała. Powiedz: „Sally, chcę z tobą porozmawiać".
K: Sally, czy możesz się odwrócić i spojrzeć na mnie?
T: Co ona robi?
K: Wygląda przez okno. Jest odwrócona do mnie plecami.
T: Co czujesz, patrząc na nią?
K: Smutek.
T: Poproś ją, żeby się odwróciła i spojrzała na ciebie.
K: Czy możesz przestać wyglądać przez okno? Odwróć się i spójrz na mnie.
T: Odwróciła się i spojrzała na ciebie?
K: Tak.
T: Powiedz jej, kim jesteś. Powiedz, że jesteś nią – ale dorosłą. Powiedz, że przyszłaś zabrać ją z tego domu.
K: Sally, jestem tobą dorosłą. Przyszłam teraz zabrać cię z tego miejsca.
T: Co ona teraz robi?
K: Nie ufa mi.
T: Zapytaj, dlaczego ci nie ufa.
K: Dlaczego mi nie ufasz?
T: Co odpowiedziała?
K: Nigdy nie zrobiłaś nic, żeby mnie obronić.
T: Co czujesz, słysząc jej słowa?
K: Smutek.
T: Zapytaj, czy mogłaby jednak odejść od okna i usiąść na stojącym naprzeciw ciebie krześle.

K: Czy zechciałabyś odejść od okna i usiąść na stojącym naprzeciw mnie krześle?
T: Co odpowiedziała?
K: Powiedziała „Tak".

Terapeuta poleca klientce, aby wyjaśniła dziecku, co się dzieje.

PRZYKŁAD:
T: Chcę, abyś jej wyjaśniła, że zamierzasz porozmawiać z jej matką. Chodzi o krzywdę, jaką matka jej wyrządziła. Zapytaj, czy nie zechciałaby stanąć za twoim krzesłem na czas, gdy ty będziesz rozmawiać z matką.
K: Czy mogłabyś stanąć za moim krzesłem, podczas gdy będę rozmawiać z twoją mamą?
T: Co odpowiedziała?
K: Powiedziała „Tak".
T: Czy wstała i zajęła miejsce za twoimi plecami?
K: Tak.

Jeżeli istnieje więcej niż jedno wewnętrzne dziecko, są one kolejno wydobywane.

PRZYKŁAD:
T: Teraz chciałbym, abyś spróbowała wyobrazić sobie siebie jako piętnastolatkę i powiedziała mi, gdzie jest.
K: Jest na zewnątrz.
T: Jak ma na imię?
K: Ma na imię Sally.
T: Chcę teraz, żebyś spróbowała zwrócić na siebie jej uwagę i zapytała, czy może wejść do środka, bo chciałabyś z nią porozmawiać.
K: Czy możesz wejść do środka, żebym mogła teraz z tobą porozmawiać?
T: Co odpowiedziała?
K: Nie chce wejść do środka. Gniewa się.
T: Poproś ją, żeby powiedziała, dlaczego się gniewa.
K: Powiesz mi, dlaczego jesteś taka wściekła? Odpowiedziała: „Z powodu tego wszystkiego, co się działo w naszej rodzinie".

T: Chcę, abyś jej powiedziała, że porozmawiasz z jej matką o tym, w jaki sposób ją skrzywdziła. Poproś, żeby stanęła za oparciem twojego krzesła i obserwowała waszą rozmowę.
K: Czy możesz stanąć za moim krzesłem, podczas gdy ja porozmawiam z twoją mamą o tym, jak cię krzywdziła? Ona nie sądzi, abym potrafiła obronić ją przed mamą.
T: Powiedz jej, że nie pozwolisz jej skrzywdzić.
K: Nie pozwolę cię skrzywdzić. Chcę, żebyś była teraz bezpieczna.
Ma wątpliwości, ale się zgadza.

Wydobywanie zranionego dziecka lub zranionych dzieci

Po wydobyciu przystosowanego dorosłego zranionego dziecka lub zranionych dzieci pora na wydobycie zranionego dziecka lub zranionych dzieci. Schemat postępowania jest taki sam.

Terapeuta prosi klienta, aby zlokalizował w sobie energię zranionego „ja". Klient lokalizuje tę część swojego „ja", która jest zależna, która czuje się gorsza i podatna na zranienie. Jeżeli klient czuje, że wewnętrzne dziecko znajduje się poza nim, terapeuta prosi, aby je zlokalizował.

PRZYKŁAD:
T: Harry, czy czujesz obecność wewnętrznego dziecka?
K: Tak.
T: Gdzie ono jest?
K: W lesie – tam, gdzie jest bezpieczne.
T: Z jakiego powodu postanowiłeś umieścić je poza swoim wnętrzem?

Jeżeli dziecko znajduje się poza klientem, klient prosi je, żeby weszło do pomieszczenia.

T: Chcę, abyś wyobraził sobie to dziecko w lesie. Chcę, abyś oczyma duszy zobaczył samego siebie idącego z nim przez las i rozmawiającego z nim. Powiedz: „Harry, odwróć się i popatrz na mnie. Próbuję

załatwić pewną sprawę, która ma związek z twoim tatą i chciałbym, żebyś poszedł ze mną".
K: Harry, chciałbym, abyś poszedł ze mną.
T: Co teraz robi Harry?
K: Nie chce pójść ze mną.
T: Co się z nim dzieje?
K: Boi się taty.

Jeśli klient informuje, że jego wewnętrzne dziecko boi się sprawcy traumy, terapeuta pyta go, czy jest gotów bronić dziecka. Być może dziecko znalazło się poza nim, ponieważ klient nie jest w stanie go bronić; wówczas klient musi udać się wraz z nim do bezpiecznego miejsca, do jakiejś kryjówki. Jeżeli mówi on, że nie potrafi lub nie chce chronić dziecka, bądź też nie chce znaleźć się w takiej sytuacji, terapia zostaje przerwana. Jeżeli klient gotów jest, aby chronić dziecko, proces jest kontynuowany.

PRZYKŁAD:
T: Czy jesteś gotów chronić Harry'ego?
K: Tak.
T: Czy możesz mu o tym powiedzieć? Powiedz: „Harry, będę cię chronił i wspierał podczas tej rozmowy". Powiedz mu: „Porozmawiam z tatą o tym, co ci zrobił. Chcę, żebyś był tego świadkiem, ale nie był bezpośrednio zaangażowany w rozmowę. Proszę cię więc, abyś teraz wstał z krzesła, przeszedł do tyłu i stanął za mną".

Integracja funkcjonalnego dorosłego

Następnie wprowadzona zostaje postać funkcjonalnego dorosłego, aby przy jego wsparciu klient mógł stawić czoło swoim opiekunom.

Wizualizacja funkcjonalnego dorosłego

Terapeuta pomaga klientowi wyobrazić sobie siebie samego w roli funkcjonalnego dorosłego. Prosi, aby klient wyobraził sobie siebie jako osobę, która wyszła z traumy i wykazuje zdrowe reakcje, jeśli chodzi o każdy z pięciu podstawowych elementów osobowości.

PRZYKŁAD 1:
T: Jesteś człowiekiem o zdrowej samoocenie, szanującym siebie, wytyczającym zdrowe granice, dyplomatycznym i współzależnym, wyrażającym swoją rzeczywistość z umiarem.

PRZYKŁAD 2:
T: Chcę, abyś wyobraził sobie postać funkcjonalnego dorosłego. Robiłeś wcześniej coś podobnego?
K: Nie.
T: OK. Chciałbym, abyś skoncentrował się w tej chwili na tym, co widzisz oczyma duszy. OK? Teraz wyobraź sobie siebie tak, jak chciałbyś wyglądać w sytuacji pełnej równowagi wewnętrznej. Czy potrafisz sobie wyobrazić, jak wyglądasz, w jaki sposób stoisz, jak się zachowujesz? Czy czujesz, jak ta wizja przybiera kształt? Wyobraź sobie, że niczego nie udajesz, że akceptujesz, zamiast osądzać, kochasz siebie i innych, masz właściwie funkcjonujące granice, postępujesz dyplomatycznie, jesteś współzależny i masz zdrowe poczucie własnej wartości. Czy widzisz, jak wówczas wyglądasz? Jeżeli nie widzisz siebie, możesz czuć energię płynącą z tej wizji.

Czasami klient może mieć kłopoty z wyobrażeniem siebie w roli funkcjonalnego dorosłego. Może się tak zdarzyć, jeśli klient nie zastanawiał się wcześniej, jaki by był, gdyby zniknęły wszystkie symptomy tego jego współuzależnienia. W takim przypadku klient może spróbować poczuć lub zobaczyć energię symbolizującą funkcjonalnego dorosłego.

PRZYKŁAD:
T: To może być trudne, bo nie wiesz dokładnie, czego chcesz. Może będziesz musiał trochę nad tym popracować.

Teraz postaraj się na tyle, na ile możesz. Nikt cię nie ocenia. Wolno ci mieć pewne trudności. Postaraj się umieścić energię, jaką odczuwasz, w rejonie klatki piersiowej. To na razie wystarczy. Nie musisz się tym przejmować. Ta wizja i świadomość jest dla ciebie. Gdy dowiesz się więcej na ten temat, uda ci się stworzyć bardziej konkretny obraz tej wizji.

Integracja funkcjonalnego dorosłego

Terapeuta prosi klienta, aby skoncentrował się na energii swojej obecnej wizji i umieścił ją umiejętnie po prawej stronie swojej klatki piersiowej.

PRZYKŁAD:
T: Chcę, abyś skupił się na energii, jaką odczuwasz, i umieścił ją po prawej stronie klatki piersiowej. Czy mogę dotknąć twojego ramienia, twoich pleców oraz boku?
K: Tak.
T: Chodzi mi o ten obszar pomiędzy ramieniem a talią. Stąd aż do pasa – poprzez ten odcinek pleców, ten odcinek klatki piersiowej, przestrzeń między twoimi plecami a klatką piersiową – i znowu od ramienia w dół, aż do pasa. Chcę, żebyś zobaczył tę energię. Nadaj jej moc i światło. Teraz wyobraź sobie, że wchłaniasz ją do wnętrza swojego ciała. Robiąc to, pochyl się lekko w prawą stronę. Nachyl się ku tej energii i korzystaj z niej podczas konfrontacji z matką.

Powyższy proces pozwala klientowi przemawiać ustami dorosłego człowieka w imieniu swojego wewnętrznego dziecka lub wewnętrznych dzieci. Tym samym wyręcza je w tym, czego same nie potrafiły dokonać w przeszłości. Klient staje się swoim własnym rzecznikiem. Daje mu to ogromne poczucie siły i uczy, jak dbać o siebie.

Krzesła dla opiekunów – sprawców traumy

Po zakończeniu terapii wewnętrznego dziecka lub wewnętrznych dzieci i integracji funkcjonalnego dorosłego zostają wyznaczone krzesła dla najbliższych opiekunów klienta, zidentyfikowanych wcześniej jako sprawcy jego traumy. Terapeuta prosi klienta, aby ustawił krzesła, na których zasiądą zwizualizowani przez niego opiekunowie.

Zanim rozpocznie się konfrontacja klienta z nieobecnymi opiekunami, terapeuta wyjaśni mu właściwy cel przyświecający ustawianiu krzeseł.

PRZYKŁAD 1:
T: Sally, twoim zadaniem jest wytyczenie granic w relacji z matką. Podczas terapii krzeseł wytyczasz zewnętrzną granicę, która pozwoli ci zachować odpowiedni dystans. Powinnaś się teraz zastanowić, jak daleko od ciebie powinna znajdować się twoja mama, żebyś nie czuła się zagrożona i mogła swobodnie z nią rozmawiać. Pamiętaj, że powinna być na tyle blisko, abyś rozmawiając z nią, nie musiała się nachylać. Ustaw przeznaczone dla niej krzesło w takiej odległości, abyś nie musiała się odchylać do tyłu ani pochylać do przodu.

PRZYKŁAD 2:
T: Zanim zaczniemy, poproszę kogoś z grupy o ustawienie krzesła tuż przy twoich kolanach. Następnie poproszę tę osobę, aby odsunęła krzesło i pozwolę ci wytyczyć granicę. Chciałbym, abyś ustawił krzesło w miejscu, w którym ta granica ma przebiegać. Określ odległość, jaka powinna oddzielać cię od twojego taty. Nie powinien siedzieć za daleko, bo wtedy będziesz miał wrażenie, że cię nie słyszy i będziesz pochylał się w jego stronę. Nie powinien też siedzieć zbyt blisko, w takiej sytuacji trudno ci będzie z nim rozmawiać i zaczniesz bezwiednie odchylać się do tyłu.

Teraz wytyczasz zewnętrzną granicę, oddzielającą cię od ojca. Nie spiesz się. Zrób to we własnym tempie.

PRZYKŁAD 3:
T: Harry, chcę, żebyś otworzył oczy i spojrzał na stojące przed tobą krzesło. Paul podniesie się, stanie za oparciem krzesła i przysunie je do twoich kolan. Następnie poproszę Paula, aby bardzo powoli zaczął odsuwać krzesło od ciebie. Kiedy zobaczysz, że odsunął je na odpowiednią odległość, powiedz mu, żeby się zatrzymał.

Po tych wstępnych informacjach dotyczących ustawienia krzeseł terapeuta prosi jednego z uczestników terapii, aby przysunął krzesło do kolan klienta, po czym powoli zaczął je od niego odsuwać. Następnie terapeuta prosi klienta o wskazanie miejsca, w którym ma stać krzesło.

PRZYKŁAD:
T: Harry, chciałbym, abyś wyobraził sobie, że na tym krześle siedzi twój ojciec. Jeżeli czujesz, że musisz się pochylać, to znaczy, że krzesło stoi za daleko. Jeśli chcesz odchylić się do tyłu, to znaczy, że krzesło stoi za blisko. Powiedz Paulowi, gdzie ma ustawić krzesło.

Kiedy klient określi obecną pozycję krzesła, osoba, która je przesuwała, jest proszona o zajęcie na nim miejsca.

PRZYKŁAD 1:
T: Paul, usiądź na krześle, aby Harry mógł poczuć na nim czyjąś obecność. Czasami dopiero wtedy okazuje się, że krzesło stoi za blisko.

PRZYKŁAD 2:
T: Paul, usiądź na krześle, aby Harry przekonał się, jak to wygląda, żeby zobaczył w tobie swojego ojca. Zgadzasz się na to?

Następnie terapeuta prosi klienta, żeby wyobraził sobie, że na krześle siedzi jego opiekun.

PRZYKŁAD:
T: Harry, wyobraź sobie, że Paul to twój ojciec.

Jeżeli klient zaczyna odchylać się do tyłu lub siada z założonymi rękoma, krzesło stoi zbyt blisko. W takiej sytuacji osoba ustawiająca krzesło powinna zacząć je odsuwać, dopóki klient nie wskaże właściwego miejsca. Terapeuta informuje klienta, że gdyby w trakcie konfrontacji z opiekunem poczuł, iż odległość jest niewystarczająca, krzesło może w każdej chwili zostać przesunięte.

PRZYKŁAD:
T: Jeżeli w trakcie konfrontacji z ojcem poczujesz, że znajduje się za blisko ciebie, daj mi znać, a wtedy przesuniemy krzesło. Ojciec odsunie się od ciebie.

Koncentracja

Klient otworzył oczy, aby pokierować ustawianiem krzeseł, przestając się koncentrować, terapeuta prosi go teraz, aby ponownie zamknął oczy i się skoncentrował.

PRZYKŁAD:
T: Chcę, abyś teraz ponownie zamknął oczy, zaczął głęboko oddychać i się odprężył.

Ponowne uświadomienie klientowi obecności wewnętrznego dziecka lub wewnętrznych dzieci

W przypadku gdy wewnętrzne dziecko lub wewnętrzne dzieci zostały umieszczone w obrębie wytyczonych przez klienta granic – zewnętrznej i wewnętrznej – terapeuta prosi klienta, aby ponownie przywołał ich obraz.

PRZYKŁAD:
T: Chciałbym, żebyś spojrzał teraz za siebie oczyma wyobraźni i zobaczył z tyłu dwoje dzieci. Widzisz je?
K: Tak.

Blokada myśli i emocji

Terapeuta próbuje teraz potwierdzić istnienie ewentualnych blokad myśli i emocji. Jeśli takie istnieją, terapeuta prosi klienta o określenie, o czym myśli i co czuje oraz zachęca go, żeby o tym opowiedział. Jeżeli zachodzi taka oto konieczność, terapeuta odnosi się do informacji, jakie uzyskał.

PRZYKŁAD:
T: Chcę, żebyś wziął głęboki wdech i powiedział mi, czy odczuwasz w tej chwili jakieś emocje, którymi chciałbyś się podzielić.
K: Myślę, że wariuję.
T: Wygląda na to, że jest w tobie lęk związany z tym, jak postrzega cię grupa, która może być świadkiem twoich dysfunkcjonalnych zachowań. Bardzo trudno jest pogodzić się z faktem, że ktoś widzi naszą słabość. To, że się na to godzisz i chcesz być sobą, świadczy, iż nauczyłeś się kochać siebie i wszedłeś na drogę duchowego rozwoju. Weź głęboki wdech i powiedz mi, co czujesz.

Jeżeli klient zaczyna mówić przyciszonym głosem, może to oznaczać, że zbytnio się kontroluje. W takiej sytuacji terapeuta może nim pokierować i skłonić go, żeby mówił głośniej.

PRZYKŁAD:
T: Harry, mówisz tak cicho, że w ogóle cię nie słyszę. Przejawiasz w tej chwili piąty symptom osiowy lub pierwotny dotyczący braku umiaru. Chcę, żebyś był obecny. Jesteś synem. To jest twój ojciec. Ty jesteś dorosłym dzieckiem. Masz prawo być dorosłym i silnym w rozmowie z ojcem.

Terapeuta prosi klienta, aby opisywał swoje myśli i uczucia, dopóki nie uzyska pewności, że są one neutralne.

PRZYKŁAD:
T: Chciałbym, abyś wziął głęboki wdech i powiedział mi, czy odczuwasz w tej chwili jakieś emocje, którymi bardzo chciałbyś się podzielić.
K: Odczuwam neutralne emocje.
T: Odczuwasz neutralne emocje. A zatem jesteś gotów?

Gdy klient zaczyna odczuwać neutralne emocje, może przejść do kolejnego etapu redukcji toksycznych emocji.

Wytyczanie granic

W przypadku klienta poddającego się redukcji toksycznych emocji wytyczanie granic przebiega w dwóch etapach. Po pierwsze, klient otrzymuje polecenie wytyczenia własnych granic. Po drugie, jeśli przeszedł już część przygotowawczą, terapeuta prosi go o umieszczenie swojego wewnętrznego dziecka lub wewnętrznych dzieci wewnątrz wytyczonych granic.

PRZYKŁAD:
T: Chciałbym, abyś wytyczył teraz swoje granice. Chciałbym, żebyś wyobraził sobie pierwszą granicę w kształcie klosza lub jakiegoś innego przedmiotu, który kojarzy ci się z zewnętrzną granicą. Teraz chcę, abyś otoczył tą granicą siebie i swoje wewnętrzne dzieci. Powinny znaleźć się wewnątrz tej zewnętrznej granicy. Czy możesz to zrobić? Jak to zrobisz, skiń głową, abym wiedział, że już to zrobiłeś. OK?
Teraz chciałbym, żebyś wyobraził sobie wewnętrzną granicę. Może ona przypominać płaszcz, który na siebie włożysz.
Chcę, abyś umieścił swoje wewnętrzne dzieci pod tym płaszczem, aby chroniła je twoja wewnętrzna granica. Wyobraź to sobie. Kiedy już to zrobisz, skiń głową, aby mi o tym powiedzieć. Jeżeli masz jakiekolwiek trudności, daj mi znać, a ja ci pomogę.

Jeżeli klient ma trudności z wizualizacją, terapeuta stara się nim pokierować.

PRZYKŁAD:
T: Wyobraź sobie wewnętrzną granicę wyglądającą jak ogromny płaszcz. Pozwól dzieciom schronić się pod nim, ale niech wystawią główki na zewnątrz. Płaszcz może mieć dowolną wielkość. Poszerz go tak, aby i tobie było pod nim wygodnie. Upewnij się, że jest wystarczająco długi z przodu i dobrze cię osłania. Pamiętaj, że wewnętrzna granica może się podnosić i opadać.

Członkowie grupy wytyczają swoje granice

Następnie terapeuta prosi uczestników trwającej terapii, aby wytyczyli swoje granice.

PRZYKŁAD:
T: Chciałbym przypomnieć wszystkim, że w czasie, gdy Harry wytycza sobie granice, wy macie zrobić to samo. Pamiętajcie, że w tym wszystkim chodzi o Harry'ego, nie o was. Nie musicie angażować się w to, co teraz się dzieje z Harrym. Możecie być obserwatorami. Jeżeli w jakimś momencie poczujecie, że emocje stają się zbyt intensywne, a proces wciąga was na tyle, że chce wam się płakać, czujecie się wzruszeni albo nieszczęśliwi, wyobraźcie sobie pole energii oddzielające was od Harry'ego. Odepchnijcie jego rzeczywistość. Powiedzcie sobie w duchu: „Tu chodzi o Harry'ego, a nie o mnie. Nie muszę się w to emocjonalnie angażować".

Wizualizacja sprawcy traumy

Po umieszczeniu wewnętrznego dziecka lub wewnętrznych dzieci w obrębie wytyczonych przez klienta granic oraz wprowadzeniu postaci funkcjonalnego dorosłego klient dokonuje wizualizacji sprawcy traumy i zaprasza go do pomieszczenia.

PRZYKŁAD:
T: Chciałbym, abyś sprowadził tu teraz swoją mamę. Możesz wyobrazić ją sobie w dowolnym wieku: jako młodą kobietę, kobietę w średnim wieku lub starszą. Chciałbym, abyś dokonał jej wizualizacji w tym pomieszczeniu. Zaproś ją do środka i poproś, aby usiadła na krześle naprzeciw ciebie.

Następnie terapeuta prosi klienta, aby opisał sprawcę traumy. Chodzi o to, jak wygląda – na przykład jakiego koloru są jego oczy – oraz jak jest ubrany.

PRZYKŁAD 1:
T: Chciałbym, żebyś wyobraził sobie własnego ojca. Potem poproś go, aby wszedł do tego pokoju.
K: Tato, chciałbym, abyś wszedł do tego pokoju.
T: Czy jest już w środku?
K: Tak.
T: Chciałbym, abyś opisał teraz swojego ojca.

PRZYKŁAD 2:
T: Wyobraź sobie, że w tym pokoju jest twój ojciec i powiedz mi, jak on wygląda.
K: Tato, czy możesz wejść do pokoju i usiąść tu z nami?
T: Jest tutaj?
K: Tak.
T: Jak wygląda?

Zachowanie sprawcy traumy

Gdy klient skończy opisywać wygląd sprawcy traumy, terapeuta prosi go, aby opisał jego zachowanie. Opisywanie wyglądu i zachowania sprawcy traumy przydaje takiemu procesowi terapeutycznemu realizmu.

Jeżeli sprawca traumy zachowuje się we właściwy sposób, terapeuta prosi klienta, aby wyjaśnił mu, dlaczego go tu zaprosił.

PRZYKŁAD:
T: Co on teraz robi?
K: Milczy.
T: Jak wygląda?
K: Po prostu siedzi.
T: Powiedz ojcu, że zaprosiłeś go tutaj, aby powiedzieć mu coś, czego nie mogłeś mu powiedzieć wcześniej: że nie mogłeś na nim polegać.
K: Tato, chcę ci dzisiaj powiedzieć o tym, jak się czuję. Chcę, abyś mnie wysłuchał. Nigdy przedtem o tym nie mówiłem.
T: Dlaczego?

K: Dlatego że absolutnie nie chciałem cię zranić i bałem się powiedzieć ci o tym.

Jeśli zachowanie sprawcy traumy jest jednak niewłaściwe, terapeuta zachęca klienta, aby stawił mu czoło.

PRZYKŁAD:
T: Oto kilka rzeczy, które możesz mu w tej sytuacji powiedzieć: „Ty jesteś rodzicem, a ja dorosłym dzieckiem"; „Ty jesteś ojcem, a ja jestem twoim synem. Mam prawo oczekiwać, że mnie wysłuchasz"; „Wysłuchaj mnie"; „Siadaj i milcz"; „Nie zachowuj się jak dziecko. Dzisiaj wreszcie mnie wysłuchasz".

To pozwala klientowi odzyskać pewność siebie i daje mu większą siłę. Terapeuta zatem kontynuuje, prosząc klienta o opisanie zachowania sprawcy traumy.

PRZYKŁAD:
T: Chciałbym, abyś opisał zachowanie ojca.
K: Siedzi z założonymi rękoma.
T: Chciałbym, abyś poprosił go, aby opuścił ręce.
K: Tato, czy możesz opuścić ręce?
T: Co teraz robi?
K: Kręci się na krześle.
T: Czy opuścił ręce?
K: Tak.

Jeżeli sprawca traumy nie reaguje i nadal zachowuje się w niewłaściwy sposób, terapeuta prosi klienta, aby ponownie odniósł się do tego zachowania.

PRZYKŁAD 1:
T: Czy usiadła na krześle?
K: Nie. Stoi z tyłu, za oparciem.
T: Wygląda na to, że chce cię sprowokować.
K: Podparła się pod boki.
T: Powiedz jej, żeby przestała. Powiedz, żeby opuściła ręce wzdłuż ciała, obeszła krzesło i usiadła.

K: Opuść ręce wzdłuż ciała, podejdź i usiądź na tym krześle.
T: Zrobiła to?
K: Nie.
T: Chcę żebyś spojrzała jej prosto w oczy i powiedziała: „Jesteś moją matką. Ja jestem twoim dorosłym dzieckiem. Dzisiaj wreszcie mnie wysłuchasz".
K: Ty jesteś moją matką. A ja jestem twoją córką. Dzisiaj wreszcie mnie wysłuchasz.
T: Jak w tej chwili wygląda?
K: Osłupiała. Odpowiada: „Jak śmiesz tak się do mnie odzywać? Kim ty w ogóle jesteś?".
T: Spójrz na nią i powiedz: „Przestań się bronić".
K: Przestań się bronić.
T: Wcale cię nie obrażam.
K: Wcale cię nie obrażam.
T: Mam prawo cię o to prosić.
K: Mam prawo cię o to prosić.
T: Chcę, żebyś zachowywała się dzisiaj jak mój rodzic. Nie ma w tym nic złego.
K: Chcę, żebyś zachowywała się dzisiaj jak mój rodzic. Nie ma w tym nic złego.
T: Co ona teraz robi?
K: Spiera się ze mną. Mówi na przykład: „Szkoda, że wszyscy nie możemy być tacy idealni jak ty".
T: Powiedz matce: „Nie zamierzam się z tobą kłócić. Nie będę ci się tłumaczyć".
K: Nie zamierzam się z tobą kłócić.
T: Chcę, abyś zamilkła, żebym mogła porozmawiać z tobą o tym, jak mnie krzywdziłaś w przeszłości.
K: Zamilcz i posłuchaj mnie.
T: Wysłuchaj mnie dzisiaj.
K: Wysłuchaj mnie dzisiaj.

PRZYKŁAD 2:
T: Ty jesteś moim ojcem. Ja jestem twoim dorosłym synem i mam prawo prosić, abyś tu był i z szacunkiem wysłuchał tego, co mam ci do powiedzenia.
K: Ty jesteś moim ojcem. Ja jestem twoim dorosłym synem. Mam prawo prosić cię, abyś tu był i z szacunkiem wysłuchał tego, co chcę ci powiedzieć. Okaż mi szacunek i wspieraj mnie w tym, co robię.
T: I nie siedź w ten sposób, wyglądając, jakbyś musiał się przede mną bronić, jakbym to ja był agresorem, a ty ofiarą.
K: I nie siedź w ten sposób, wyglądając, jakbyś musiał się przede mną bronić, jakbym to ja był agresorem, a ty ofiarą.

Terapeuci muszą uważać, aby klient nie zaczął stawiać się w pozycji ofiary, prosząc sprawcę traumy o pomoc i wsparcie.

PRZYKŁAD:
K: Potrzebuję twojego wsparcia.
T: Nie mów tak. Nie mów mu, że potrzebujesz jego wsparcia. To stawia cię w pozycji, w której łatwo będzie mu ciebie zranić. Tymczasem teraz ty musisz porozmawiać z nim o poważnych sprawach. Powiedz swojemu ojcu: „Chcę, abyś mnie dzisiaj wysłuchał".
K: Chcę, abyś mnie dzisiaj wysłuchał.
T: Jak na to zareagował?
K: Szyderczym uśmieszkiem.
T: Co ten uśmieszek oznacza?
K: Że dziwnie się zachowuję, że to głupie.
T: Jak się z tym czujesz?
K: Zawsze się w taki sposób zachowuje, kiedy staram się coś mu wytłumaczyć.
T: Ponieważ twój ojciec zachowuje się obraźliwie, powiedz mu: „Przestań uśmiechać się w ten sposób. To nie jest zabawne. To poważna sprawa. Sprowadziłem cię tu dzisiaj, żeby porozmawiać z tobą o poważnych sprawach dotyczących mojego dzieciństwa. Nie ma w tym nic śmiesznego".
K: Tato, przestań uśmiechać się w ten sposób.

T: Chcę, abyś mnie wysłuchał. Chcę, abyś był moim ojcem. Chcę, abyś był obecny i okazał mi szacunek.
K: To nie jest śmieszne. Chcę, abyś był obecny i okazywał mi szacunek podczas naszej rozmowy.
T: Co zrobił?
K: Usiadł.
T: Przestał się szyderczo uśmiechać?
K: Tak.

Po konfrontacji ze sprawcą traumy klient jest ponownie proszony o opisanie jego zachowania i – jeżeli zachodzi taka potrzeba – o odniesienie się do niego. Jeżeli sprawca traumy wciąż zachowuje się w sposób dziecinny i defensywny, klient kontynuuje terapię bez jego udziału i współpracy. W takiej sytuacji terapeuta pyta jednak co pewien czas swojego klienta, jak zachowuje się jego opiekun.

PRZYKŁAD:
T: Jak widać, twój ojciec jest zbyt niedojrzały, aby przestać zachowywać się w ten sposób. Ale możemy kontynuować terapię. Jeżeli zachowanie ojca wymknie się spod kontroli, chcę, żebyś stawił mu czoło. Zrób to, jeśli będziesz musiał.

Terapeuta przez cały czas obserwuje klienta. Jeżeli jego zachowanie ulega nagłej zmianie, terapeuta pyta go, co tę zmianę spowodowało. Jeśli na przykład niespodziewanie milknie, powodem może być coś w wizualizacji zachowania sprawcy traumy. Terapeuta pyta wówczas swego klienta, co się z nim w tej chwili dzieje.

Terapeuta nie powinien jednak zbytnio się koncentrować na próbach ingerowania w zachowanie sprawcy traumy. Jeżeli jest on osobą niedojrzałą, nie będzie się zachowywał w sposób dojrzały bez względu na to, co zrobi klient. Terapeuta może w takiej sytuacji omówić niedojrzałe zachowanie sprawcy traumy z klientem.

PRZYKŁAD:
T: Chciałbym, żebyś zwrócił uwagę na to, jak bardzo ona siebie nie kontroluje. Ty nie jesteś za to odpowiedzialny. Proszę cię, abyś pomyślał, jak trudno jest mieć taką matkę. Wytycz swoje granice

i obserwuj jej niedojrzałe zachowanie. Będziemy rozmawiać, a ona niech robi, co chce.

Po konfrontacji ze sprawcą traumy terapeuta pyta klienta, co teraz czuje. Jeśli jest to naprawdę konieczne, to terapeuta odnosi się do uczuć klienta.

PRZYKŁAD:
T: A teraz weź spokojnie głęboki oddech i powiedz mi, czy czujesz jakieś napięcie.
K: Czuję udrękę.
T: Gdzie możesz to uczucie umiejscowić?

Terapeuta omawia z klientem uczucia, dopóki nie staną się one neutralne. Następnie przechodzi do pracy z listą.

Praca z listą

Mając do wglądu listę najważniejszych opiekunów klienta z okresu dzieciństwa, terapeuta pomaga klientowi ją przeanalizować.

PRZYKŁAD 1:
T: Harry, chciałbym, abyś porozmawiał ze swoim ojcem o tamtym dniu, kiedy prowadziłeś traktor, i o tym, jak się wtedy czułeś. Zacznij, mówiąc: „Kiedy miałem pięć lat...".
K: Pamiętasz ten dzień, kiedy prowadziłem traktor, a ty ładowałeś siano na przyczepę? Wjechałem w bruzdę, traktor gwałtownie się przechylił, a ty omal nie spadłeś. Wpadłeś wtedy w szał, zacząłeś na mnie wrzeszczeć i przeklinać mnie. Krzyczałeś i powiedziałeś, że jestem strasznie głupi.

PRZYKŁAD 2:
T: Proszę, żebyś porozmawiał z ojcem o tym wieczorze, kiedy zaprosił do domu swoich kumpli na partyjkę pokera. Dali ci się wtedy napić piwa. Upiłeś się i nie mogłeś wstać ani iść o własnych siłach, a oni wyśmiewali się z ciebie.

K: Zaprosiłeś do domu kumpli na pokera. Wyglądali bardzo groźnie i zachowywali się hałaśliwie. Musiałem wam usługiwać. Podawałem wam piwo, a kiedy moja obecność zaczęła ci przeszkadzać, zacząłeś mnie poić piwem. Nie smakowało mi. Upiłem się, a twoi kumple wyśmiewali się ze mnie.

T: Dziecko nie powinno przeżywać takich sytuacji.

K: Dziecko nie powinno przeżywać takich sytuacji. Nie miałeś prawa tak mnie traktować.

T: Powiedz mu, że jesteś wściekły.

K: Jestem wściekły.

T: Nie miałeś prawa mi tego robić.

K: Nie miałeś prawa mi tego robić.

PRZYKŁAD 3:

T: Cofnij się w czasie i pomyśl o tym okresie w swoim życiu, kiedy próbowałeś zwrócić na siebie uwagę matki.

K: Pamiętam dzień, kiedy rozpaczliwie próbowałem zwrócić na siebie twoją uwagę. Miałem cztery latka i wszedłem do domu z podwórka, na którym się bawiłem. Było mi gorąco, byłem zmęczony, a mój trzykołowy rowerek przewrócił się. Naprawdę mnie bolało, byłem posiniaczony i podrapany. Chciałem wtedy, żebyś mnie przytuliła, ale ty mnie odepchnęłaś.

T: Powiedz swojej matce, że cię to zabolało, że chciałeś, aby cię pocieszyła.

K: Mamo, bolało mnie i chciałem, żebyś mnie pocieszyła.

T: A ty nie zareagowałaś.

K: A ty nie zareagowałaś. To ja wyciągałem do ciebie ręce z prośbą o pomoc.

T: Jak się wtedy czułeś?

K: Oszołomiony. Czułem się pusty i nic nieznaczący.

Określenia takie, jak „Nic nie znaczyłem", wskazują na to, że klient dźwiga zinternalizowany wstyd. Terapeuta odnosi się do wstydu klienta, stosując metodę oddawania wstydu. Jeżeli okazuje się, że klient odczuwa własny wstyd, uczucie to jest analizowane. Jeżeli uczuciem tym jest strach, terapeuta prosi klienta, aby pozbył się go za pomocą głębokich oddechów.

PRZYKŁAD 1:
T: Co czujesz?
K: Strach.
T: Co go powoduje?
K: Samo myślenie o tej sytuacji. Boję się tego, co się stanie.
T: To strach małego chłopca. Ten sam strach, jaki odczuwałeś, kiedy nie mogłeś dostrzec ziemi i bałeś się, że coś się stanie twojemu ojcu, ponieważ wymagał od ciebie rzeczy niemożliwej. Sam to sprowokował. Nie chodziło o ciebie. W dzieciństwie bardzo się bałeś. Wciągnij powietrze. Teraz je wypuść. Niech wraz z wydychanym powietrzem uleci twój strach. Potrafisz to zrobić?

PRZYKŁAD 2:
T: Harry, chcę, abyś porozmawiał z matką o swoim najwcześniejszym wspomnieniu – tym związanym z huśtawką. Chcę, żebyś powiedział jej, jak to odebrałeś, podzielił się z nią tym, co wtedy czułeś i co czujesz teraz. Opisz wszystko ze szczegółami, zaczynając w ten sposób: „Mamo, pamiętam, że kiedy miałem dwa lata, bujałaś mnie na huśtawce". Powiedz, co się z tobą działo.
K: Pamiętam, że zabrałaś mnie na plac zabaw, posadziłaś na huśtawce i bujałaś – wyżej i wyżej. Bałem się i krzyczałem ze strachu, ale ty bujałaś mnie coraz wyżej, w końcu spadłem na ziemię. Byłem przerażony.
T: Powiedz jej: „Teraz też czuję w sobie to przerażenie".
K: Nadal czuję to przerażenie.
T: Ten dawny, dziecięcy strach.
K: Ten dawny, dziecięcy strach.
T: Opisz jej, co czujesz w klatce piersiowej.
K: Serce bije mi tak szybko i tak mocno, że czuję jego uderzenia w klatce piersiowej i pulsowanie w szyi.
T: Chcę, abyś powoli się w tym zanurzył – wciągnij powietrze, przepłucz nim płuca i wraz z powietrzem wypuść swój strach na zewnątrz. Zrób to bardzo wolno, w przeciwnym razie poczujesz

zawroty głowy. Powiedz sobie w myślach: „Pozbywam się tego starego, toksycznego strachu".
K: Pozbywam się tego starego, toksycznego strachu.

Jeżeli klient odczuwa ból, terapeuta powtarza wszystko od początku, pozwalając klientowi wypłakać się i w ten sposób pozbyć się bólu. Jeśli klient się boi, opisuje swój strach i, mówiąc o nim, pozbywa się go. Kiedy emocje klienta słabną, terapia jest kontynuowana. Jeżeli klient czuje gniew i ma trudności z jego wyrażeniem, terapeuta pomaga mu pozbyć się tego uczucia.

PRZYKŁAD:
T: Sally, powiedz ojcu, że masz prawo odczuwać złość.
K: Tato, mam prawo odczuwać złość.
T: Jeszcze raz, głośniej.
K: Tato, mam prawo odczuwać złość.

Terapeuta nie przestaje kierować klientem, powtarzając: „Jeszcze raz, głośniej", „Głośniej", „Podnieś głos", „Jeszcze raz" i „Powiedz to jeszcze raz". Mówiąc, zmienia natężenie głosu i prosi klienta, aby go naśladował.

PRZYKŁAD:
T: Jak zareagował twój ojciec, kiedy o tym rozmawialiście?
K: Powiedział, że to jego dom i może w nim robić wszystko, co mu się żywnie podoba. Jeśli mi to nie odpowiada, to trudno.
T: A dziś, kiedy o tym myślę...
K: A dziś, kiedy o tym myślę...
T: Czuję...
K: Czuję gniew.
T: Spójrz teraz na ojca i powtórz to, co powiedziałeś.
K: Drwiłeś ze mnie. Powiedziałeś, że to jest mój problem i zapytałeś, co ci zrobię.
T: Teraz spójrz na niego i powiedz mu, że: „To nie była właściwa uwaga".
K: To nie była właściwa uwaga.
T: Powtórz to głośniej.

K: To nie była właściwa uwaga. W ogóle mnie nie słuchałeś. Nic cię to nie obchodziło. Bardziej zależało ci na tym, żeby się bronić.
T: Kiedy o tym myślę, czuję gniew.
K: Kiedy o tym myślę, czuję gniew.
T: Czuję gniew na myśl, że próbujesz się bronić.
K: Czuję gniew na myśl, że próbujesz się bronić.

Czasami klient może czuć się przytłoczony obecnością sprawcy traumy. Uczucie to może być bardzo silne, zwłaszcza jeśli jest to pierwsza taka konfrontacja. W takim przypadku terapeuta wspiera klienta, podsuwając mu sformułowania. Tym samym terapeuta przyjmuje rolę rodzica, ucząc klienta, jak być funkcjonalnym dorosłym.

Podczas konfrontacji klientów ze sprawcami traumy terapeuta monitoruje jej przebieg, upewniając się, czy konfrontacja przebiega we właściwy sposób. Nie należy jednak pozwalać klientowi na zachowania agresywne, na przykład krzyk czy używanie wulgaryzmów.

Istnieją jednak wyjątkowe sytuacje, kiedy można pozwolić klientowi na zachowanie pozbawione umiaru. Zależą one od rodzaju i nasilenia nadużyć, jakich klient doświadczył. Czasami też klient potrzebuje zachęty, aby się wykrzyczeć i poczuć, czym jest uzasadniony gniew.

Redukcja toksycznych emocji

Redukcja toksycznych emocji polega na pozbywaniu się zinternalizowanych uczuć poprzez „oddawanie" ich sprawcy traumy. Proces ten obejmuje:
- Asystowanie klientowi, kiedy określa on swoje uczucia.
- Podkreślenie różnicy istniejącej między uczuciami klienta a uczuciami zinternalizowanymi.
- Konfrontację ze sprawcą traumy.
- Oddanie sprawcy traumy jego uczuć.

Oddawanie wstydu

Oddawanie wstydu jest elementem redukcji toksycznych emocji. Proces oddawania wstydu składa się z pięciu etapów. Etap pierwszy to identyfikacja zinternalizowanego wstydu. Etapy drugi, trzeci i czwarty polegają na werbalizacji gotowych sformułowań przez klienta, która ma na celu redukcję toksycznej energii zinternalizowanego wstydu. Etap piąty to właśnie wizualizacja przez klienta zinternalizowanego wstydu i przekazanie go sprawcy traumy.

Etap I

Etap pierwszy polega na identyfikacji zinternalizowanego wstydu i określeniu uczuć klienta względem doznanych nadużyć oraz ich sprawców.

Pragnąc stwierdzić obecność zinternalizowanego wstydu, terapeuta odnosi się do użytych przez klienta słów i sformułowań, odnotowanych podczas pracy z listą i adekwatnych do sytuacji tego ostatniego. Jeżeli klient ma trudności z przypomnieniem sobie tych sformułowań, terapeuta mu je podsuwa.

Jeśli klient stwierdza, że nic nie znaczył lub nie znaczy, wskazuje to na tkwiący w nim zinternalizowany wstyd.

PRZYKŁAD 1:
K: A ty nie zareagowałaś. To ja wyciągałem do ciebie ręce z prośbą o pomoc.
T: Jak się wtedy czułeś?
K: Oszołomiony. Czułem się pusty i nic nieznaczący.
T: Harry, czy kiedy to się stało, czułeś się bezwartościowy? Czy odczuwałeś wstyd?
K: Tak. Czułem się tak, jakbym nic nie potrafił zrobić dobrze.

Etap II

Podczas etapu drugiego klient werbalizuje gotowe zdania, w których przyznaje się do odczuwania zinternalizowanego wstydu i zaczyna oddawać ten wstyd sprawcy traumy. Na tym etapie używane są następujące stwierdzenia:

- Zawstydziłeś mnie.
- Twój wstyd sprawił, że czułem/łam się (tu padają określenia użyte przez klienta podczas opisywania okoliczności jego traumy).
- Z tego powodu czuję gniew.
- Mam prawo czuć gniew.
- Oddaję ci twój wstyd.
- Nie zamierzam już dłużej czuć się (tu padają określenia użyte przez klienta podczas opisywania okoliczności traumy oraz wymienione w pierwszym zdaniu) z twojego powodu.

Klient powtarza zdania po kolei za terapeutą.

PRZYKŁAD 1:
- Zawstydziłaś mnie.
- Twój wstyd sprawił, że czułem się tak, jakbym nic nie znaczył.
- Z tego powodu czuję gniew.
- Mam prawo czuć gniew.
- Oddaję ci twój wstyd.
- Nie zamierzam już dłużej z twojego powodu czuć się tak, jakbym nic nie znaczył.

PRZYKŁAD 2:
- Zawstydziłaś mnie.
- Twój wstyd sprawił, że czułem się tak, jakbym niczego nie potrafił zrobić dobrze.
- Z tego powodu czuję gniew.
- Mam prawo czuć gniew.
- Oddaję ci twój wstyd.
- Nie zamierzam już dłużej z twojego powodu czuć się tak, jakbym niczego nie potrafił zrobić dobrze.

Podczas etapu drugiego terapeuta podsuwa klientowi kolejne zdania do zwerbalizowania.

PRZYKŁAD 1:
T: Spójrz na swego ojca i powiedz: „Kiedy to zrobiłeś, poczułem się zawstydzony".

K: Tato, kiedy to zrobiłeś, zawstydziłeś mnie.
T: I twój wstyd sprawił, że poczułem się tak, jakbym niczego nie potrafił zrobić dobrze.
K: I twój wstyd sprawił, że poczułem się tak, jakbym niczego nie potrafił zrobić dobrze.
T: Z tego powodu czuję gniew.
K: Z tego powodu czuję gniew.
T: Mam prawo odczuwać gniew.
K: Mam prawo odczuwać gniew.
T: Oddaję ci twój wstyd.
K: Oddaję ci twój wstyd.
T: Nie mam zamiaru dłużej czuć się gorszy z twojego powodu.
K: Nie mam zamiaru dłużej czuć się gorszy z twojego powodu.

PRZYKŁAD 2:
T: Spójrz na niego i powiedz: „Nie wspierałeś mnie w tym trudnym doświadczeniu".
K: Nie wspierałeś mnie w tym trudnym doświadczeniu.
T: A brak twojego wsparcia mnie zawstydził.
K: A brak twojego wsparcia mnie zawstydził.
T: Twój wstyd sprawił, że poczułem się głupi, zły i do niczego się nienadający.
K: Twój wstyd sprawił, że poczułem się głupi, zły oraz do niczego się nienadający. Poczułem się nieudacznikiem, kimś, kto nigdy nie jest wystarczająco dobry.
T: Powiedz mu: „Z tego powodu czuję gniew".
K: Z tego powodu czuję gniew.
T: Mam prawo odczuwać gniew.
K: Mam prawo odczuwać gniew.
T: Oddaję ci twój wstyd.
K: Oddaję ci twój wstyd.
T: Nie będę już dłużej czuł się zły, głupi, do niczego i niewystarczająco dobry z twojego powodu.
K: Nie będę już dłużej czuł się zły, głupi, do niczego i niewystarczająco dobry z twojego powodu.

T: Dobrze, teraz spójrz na niego i powiedz: „Kiedy to zrobiłeś, poczułem wstyd".
K: Kiedy to zrobiłeś, poczułem wstyd.
T: Twój wstyd sprawił, że poczułem się...
K: Twój wstyd sprawił, że poczułem się zły, głupi, do niczego i niewystarczająco dobry.

Terapeuta kieruje wypowiedziami klienta do momentu, w którym klient zaczyna radzić sobie bez pomocy. Wówczas wystarczą zachęty w rodzaju: „Powtórz to", „Jeszcze raz", „Powiedz to jeszcze raz" oraz „Jeszcze raz, od początku", aby klient powtórzył swoją „litanię wstydu". Kiedy klient opanuje wszystkie stwierdzenia, powtarza je sam, bez pomocy terapeuty.

PRZYKŁAD:
T: Harry, powiedz matce: „Zawstydziłaś mnie" i kontynuuj. Jeżeli zabraknie ci słów, ja ci pomogę. Ale postaraj się zrobić to samodzielnie.

Etap III
Kiedy klient przyswoi sobie rytm zdań z etapu drugiego, już są one skracane i przybierają formę takich stwierdzeń:
- Zawstydziłeś mnie.
- Z tego powodu odczuwam gniew.
- Mam prawo odczuwać gniew.
- Oddaję ci twój wstyd.

Terapeuta kontynuuje powtarzanie zdań, umiejętnie podsuwając je kolejno klientowi.

PRZYKŁAD:
T: Chcę usłyszeć, jak mówisz: „Zawstydziłeś mnie".
K: Zawstydziłeś mnie.
T: Z tego powodu odczuwam gniew.
K: Z tego powodu odczuwam gniew.
T: Mam prawo odczuwać gniew.
K: Mam prawo odczuwać gniew.

T: Oddaję ci twój wstyd.
K: Oddaję ci twój wstyd.
T: Zacznij jeszcze raz, od początku. Powiedz swojemu ojcu: „Zawstydziłeś mnie. Z tego powodu odczuwam gniew. Mam prawo odczuwać gniew. Oddaję ci twój wstyd".

Zinternalizowany wstyd, przejęty od opiekuna, wywołuje w kliencie silne poczucie niskiej wartości. Ta negatywna energia jest niczym innym, jak odzwierciedleniem poczucia niskiej wartości opiekuna. Dlatego bardzo ważne jest, aby klient kilkakrotnie powtórzył powyższe stwierdzenia.

Etap IV
Kiedy klient swobodnie powtarza stwierdzenia z etapu trzeciego, są one jeszcze bardziej skracane i przyjmują poniższą formę:
- Zawstydziłeś mnie.
- Mam prawo odczuwać gniew.
- Oddaję ci twój wstyd.

PRZYKŁAD 1:
T: A teraz skróć to wszystko do: „Zawstydziłeś mnie. Mam prawo odczuwać gniew. Oddaję ci twój wstyd".

PRZYKŁAD 2:
T: Chcę, abyś powiedział matce: „Zawstydziłaś mnie. Mam prawo odczuwać gniew. Oddaję ci twój wstyd". Powtórz jeszcze raz te trzy zdania.

PRZYKŁAD 3:
T: OK. A teraz, Harry, powiedz jej: „Zawstydziłaś mnie. Mam prawo odczuwać gniew. Oddaję ci twój wstyd".

Terapeuta w minimalnym stopniu pomaga klientowi, używając zachęcających słów i zwrotów w rodzaju „Dobrze", „Powtarzaj to" i „Jeszcze raz". Klient powtarza swoją litanię, dopóki nie poczuje, że pozbył się negatywnej energii.

PRZYKŁAD:
T: A teraz powtarzaj, dopóki nie pozbędziesz się tej obrzydliwej, przestarzałej, bardzo toksycznej energii. Mów: „Zawstydziłaś mnie. Mam prawo odczuwać gniew. Oddaję ci teraz twój wstyd".

Etap V
Celem redukcji toksycznych emocji jest usunięcie toksycznej energii wstydu. Kiedy klient opanuje całą litanię, terapeuta prosi go o skoncentrowanie się na energii zinternalizowanego wstydu, którą przez lata dźwigał za swojego opiekuna.

PRZYKŁAD:
T: Sally, kiedy będziesz mówiła: „Zawstydziłaś mnie. Mam prawo odczuwać gniew. Oddaję ci twój wstyd", chcę, abyś przeniosła tę negatywną energię płynącą ze wstydu w górę swojej klatki piersiowej, a następnie wypuściła ją ustami, przeniosła poza zewnętrzną granicę i umieściła na kolanach matki.

Podczas gdy klient uczy się pozbywać toksycznych emocji, terapeuta pomaga mu zredukować zinternalizowany wstyd, prosząc klienta, aby go zwizualizował. Klient nadaje wówczas wstydowi kolor i kształt fizyczny, a następnie wyobraża sobie, jak wstyd opuszcza jego ciało.

PRZYKŁAD:
T: Masz w swojej piersi obrzydliwą energię płynącą ze wstydu. Chcę, abyś zobaczyła, że ona tam jest. Spójrz na swoją mamę i zrozum, że część tego wstydu należy do niej. Chcę, abyś powtarzała: „Zawstydziłaś mnie. Mam prawo odczuwać gniew. Oddaję ci teraz twój wstyd", dopóki nie poczujesz, że część negatywnej energii przeszła z ciebie na nią. Powtarzaj te zdania tak często, jak musisz. Możesz je powtórzyć pięć razy albo sto razy w ciągu najbliższych dziesięciu minut. Usunę się i pozwolę ci powtarzać te zdania i skoncentrować się na negatywnej energii w twojej klatce piersiowej oraz na twojej matce. Zobacz, jaką część tej energii stanowi jej wstyd, i usuń tę część.

Zacznij od: „Zawstydziłaś mnie. Mam prawo odczuwać gniew. Oddaję ci twój wstyd".

Terapeuta może kierować klientem, używając pojedynczych słów lub krótkich zwrotów. Ponieważ uzasadniony gniew sprzyja pozbyciu się wstydu, terapeuta prosi klienta, aby ten podniósł głos w taki sposób, aby wyrażał jego uzasadniony gniew. Jeżeli pojawi się odczucie bólu lub jeżeli klient potrzebuje pomocy podczas redukcji wstydu, terapeuta odnosi się do odczuwanego przez klienta bólu i okazuje swoje wsparcie poprzez dotyk.

PRZYKŁAD:
T: Widzę, że pojawił się ból. Poczuj go i uwolnij się od niego. Dotknę twoich pleców pomiędzy łopatkami. Czy mogę to zrobić? Pozwól sobie poczuć ten ból. Ona cię przecież bardzo zraniła. Widzę, że ból wciąż napływa. Niech podejdzie on wysoko – wtedy pozbędziesz się go, wydychając powietrze. Kiedy ustąpi, chcę, abyś wyprostowała się na krześle, spojrzała na matkę i powiedziała: „Jestem wściekła, że mi to zrobiłaś. Czuję gniew. Mam prawo odczuwać gniew. Oddaję ci twój wstyd związany z tym, co mi zrobiłaś!".

Czasami klient może starać się kontrolować odczuwany ból, modulując swój glos – przyciszając go lub zniżając jego ton. W takim przypadku terapeuta powinien popracować z klientem nad podnoszeniem głosu. Mówiąc głośniej, klient będzie mógł pozbyć się swojego dziecięcego bólu.

Redukcja innych zinternalizowanych emocji

Podczas redukcji innych zinternalizowanych uczuć postępujemy zgodnie ze schematem redukcji zinternalizowanego wstydu. Jeżeli terapeuta podejrzewa istnienie zinternalizowanego gniewu, pyta klienta, w jaki sposób sprawca traumy wyrażał gniew i co ten gniew wzbudzało.

PRZYKŁAD:
T: Czy twoja mama się gniewała?
K: Nie, nigdy nie okazywała gniewu.
T: Myślisz, że odczuwała gniew?
K: Zawsze myślałam, że jest wściekła na tatę za to, że ugania się za innymi kobietami. Czułam jej gniew. Sama byłam wściekła na tatę za to, jak traktował mamę.

Powyższy przykład ilustruje sytuację, w której dziecko internalizuje uczucia swojego rodzica.

W przypadku gdy klient dźwiga brzemię zinternalizowanego gniewu, terapeuta prosi go o powtarzanie następujących zdań (lub innych podobnych), które mają mu pomóc w pozbyciu się złej energii: „Teraz odczuwam gniew. Ale część tego gniewu jest twoja. Nie będę już dłużej dźwigać go za ciebie ani go za ciebie odczuwać. Oddaję ci twoją część tego gniewu".

PRZYKŁAD 1:
K: Mamo, dźwigam twój gniew, twój gniew z tamtego okresu. W tej chwili oddaję ci ten gniew. Obecnie odczuwam gniew. Część tego gniewu jest twoja. Nie będę już dłużej dźwigać go za ciebie, nie będę dłużej odczuwać wściekłości, nie będę dłużej czuła, że muszę odczuwać gniew wobec mężczyzn. Oddaję ci twoją część tego gniewu.

PRZYKŁAD 2:
K: Bijąc mnie, utrwaliłeś we mnie wściekłość, jaką czułeś wobec kobiet. Dźwigam twój gniew. To on sprawia, że wpadam we wściekłość. Z tego powodu odczuwam gniew. Mam prawo odczuwać gniew. Oddaję ci wściekłość, jaką czułeś wobec kobiet. Nie będę już dłużej z twojego powodu odczuwał wściekłości wobec wszystkich kobiet.

Terapeuta pomaga klientowi, podsuwając mu kolejne zdania.
T: Powiedz tacie: „W tej chwili odczuwam strach. Część tego strachu jest twoja. Nie będę go już dłużej za ciebie dźwigał i bał się, że cię skrzywdzę albo zabiję. Oddaję ci twoją część tego strachu".

K: Tato, teraz odczuwam strach. Część tego strachu jest twoja. Nie będę go już dłużej za ciebie dźwigał i czuł się zdradzony.
T: Popatrz na ojca i powiedz mu: „W tej właśnie chwili odczuwam strach".
K: W tej chwili odczuwam strach.
T: Część tego strachu jest twoja.
K: Część tego strachu jest twoja.
T: Nie będę go już dłużej za ciebie dźwigał, nie będę już dłużej odczuwał twojego strachu.
K: Nie będę go już dłużej za ciebie dźwigał, nie będę już dłużej odczuwał twojego strachu.
T: Oddaję ci twoją część tego strachu.
K: Oddaję ci twoją część tego strachu.
T: W tej chwili odczuwam strach.
K: W tej chwili odczuwam strach.
T: Część tego strachu jest twoja.
K: Część tego strachu jest twoja.
T: Nie będę go już dłużej za ciebie dźwigał, nie będę już dłużej odczuwał twojego strachu.
K: Nie będę go już dłużej za ciebie dźwigał, nie będę już dłużej odczuwał twojego strachu.

Terapeuta wspiera klienta w ciągłym powtarzaniu ostatnich zdań, dopóki klient nie poczuje odpływu negatywnej energii.

PRZYKŁAD:
T: Oddaję ci...
K: Oddaję ci twoją część strachu.
T: Jeszcze raz.
K: Oddaję ci twoją część strachu.
T: Jeszcze raz, głośniej.
K: Oddaję ci twoją część strachu.
T: Jeszcze raz.
K: Oddaję ci twoją część strachu.

Jeżeli klient ma problem z projekcją, terapeuta mu pomaga.

PRZYKŁAD:
T: Pochyl się do przodu i naprawdę popatrz na swojego ojca. Mów trochę bardziej energicznie. Chcę, żebyś całym ciałem pochylił się do przodu. Spójrz na ojca jak ktoś pewien własnej wartości. Kiedy myślę o pięciolatku, który prowadzi traktor z przyczepą po nierównym polu, jestem przerażony. Nie mogę sobie wyobrazić, jak pięciolatek może prowadzić stary traktor, szczególnie że z tyłu, na przyczepie z sianem, stoi dorosły mężczyzna. To żałosne – krzyczeć na dziecko, któremu nie powiodło się zadanie przerastające jego siły. Masz prawo odczuwać gniew z tego powodu. Popatrz na swojego ojca i powiedz: „Tato, chciałeś, abym dokonał rzeczy niemożliwej".
K: Tato, chciałeś, abym dokonał rzeczy niemożliwej.
T: Z tego powodu odczuwam gniew.
K: Z tego powodu odczuwam gniew.
T: Teraz to powtarzaj.

Terapeuta nie przestaje pomagać swemu klientowi. Po kilku powtórzeniach prosi go, by opisał zachowanie swojego opiekuna, a następnie swoje uczucia z nim związane.

PRZYKŁAD:
T: Co on w tej chwili robi?
K: Rozsiadł się wygodnie na krześle.
T: Co czujesz?

Terapeuta zwraca baczną uwagę na zachowanie klienta. Jeśli dostrzega jakieś zmiany, odnosi się do nich. Gdy klient nagle milknie, terapeuta pyta go, co się z nim dzieje.

PRZYKŁAD:
T: Powiedz mi, co się teraz dzieje z twoim tatą.
K: Jest zaskoczony. Nie może uwierzyć, że to zrobiłam.

Jeżeli zachowanie opiekuna jest naprawdę niewłaściwe, należy koniecznie stawić mu czoło.

PRZYKŁAD 1:
T: Powiedz mi, co się teraz dzieje z twoim tatą.
K: Dziwnie na mnie patrzy, jakbym zrobiła coś złego.
T: Powiedz mu: „Tato, przestań. To ty jesteś rodzicem. Ja jestem twoją córką. Dzisiaj wreszcie mnie wysłuchasz. Nie popsujesz tego i nie odwrócisz się ode mnie".

PRZYKŁAD 2:
T: Powiedz swojemu ojcu, że jest tu dziś jako twój ojciec. Jesteś jego córką. Powiedz mu, że jego zachowanie jest niewłaściwe i że nie zamierzasz mu dłużej pozwalać na negowanie twojej rzeczywistości i twoich uczuć. Jest tutaj po to, aby siedzieć i cię słuchać, a nie, aby zachowywać się w sposób niewłaściwy czy obwiniać cię, kwestionować twoje słowa lub sprawiać, żebyś poczuła się nic niewarta.

PRZYKŁAD 3:
T: Powiedz mu, że chcesz, aby siedział tu i słuchał tego, co masz mu do powiedzenia, że to jest twój czas i twoja szansa na powiedzenie mu tego wszystkiego, czego nie potrafiłaś dotąd mu powiedzieć. Powiedz mu, że nie wolno mu ciebie obwiniać.

Zakończenie

Po tym, jak terapeuta i klient zakończą pracę z listą lub gdy skończy się czas, klient słyszy, że konfrontacja dobiega już końca. Na prośbę terapeuty klient poleca sprawcy swojej traumy opuścić pomieszczenie.

PRZYKŁAD 1:
T: Harry, czy możesz powiedzieć ojcu, że to koniec waszej rozmowy i poprosić go, aby opuścił to pomieszczenie?
K: Tato, czy mógłbyś stąd wyjść?

PRZYKŁAD 2:
T: Czy chciałabyś jeszcze coś powiedzieć matce?
K: Nie.

T: W takim razie poproś ją, aby opuściła ten pokój.
K: Mamo, proszę cię, abyś wyszła z pokoju.

Kiedy klient potwierdzi, że sprawca traumy opuścił już pomieszczenie, terapeuta prosi członka grupy o odstawienie krzesła, na którym siedział sprawca traumy.

Integracja

Kiedy między klientem a jego wewnętrznymi dziećmi zachodzą funkcjonalne relacje, zostają one na powrót zintegrowane z klientem i umieszczone w okolicy serca.
    Klient porozumiewa się z wewnętrznymi dziećmi. Jeżeli się na to zgodzi, dzieci siadają mu na kolanach. Następnie zostają zmniejszone do takich rozmiarów, aby swobodnie mieściły się w dłoni klienta. Wtedy klient umieszcza je wszystkie troskliwie w okolicy swojego serca.
    Jeżeli istnieje więcej niż jedno dziecko, terapeuta pyta klienta, którym chciałby się zająć w pierwszej kolejności.

PRZYKŁAD:
T: Sally, poproszę cię teraz, abyś na nowo umieściła w sobie swoje wewnętrzne dziecko. Proszę cię, abyś mu to wytłumaczyła.
K: Umieszczę cię w moim sercu, gdzie będziesz bezpieczna.
T: Pozwolisz jej usiąść na swoich kolanach?
K: Tak.
T: Powiedz jej, co zamierzasz teraz zrobić. Powiedz jej, że ją zmniejszysz i umieścisz w swojej prawej dłoni. Zmniejsz ją na tyle, żeby mogła się zmieścić w twojej zamkniętej dłoni. Niech się stanie malutka. Powiedz mi, kiedy już się taka stanie.
K: Już.
T: Przytul ją do swojej lewej piersi. Teraz niech wejdzie do twojego serca.

Powrót klienta do równowagi

Następnie terapeuta prosi klienta, aby skoncentrował się na oddychaniu i otworzył oczy, kiedy będzie gotowy.

PRZYKŁAD:
T: Skoncentruj się na oddychaniu, a kiedy poczujesz, że odzyskałeś wewnętrzną równowagę, powoli otwórz oczy.

Identyfikacja i omówienie ataków wstydu

Jeśli klient znów dozna uczucia wstydu, może się to objawiać poprzez zgarbienie pleców lub zasłanianie ust. Terapeuta musi się koniecznie do tego odnieść, zanim rozpocznie pracę z całą grupą, bo w przeciwnym razie klient nie będzie mógł wytyczyć swoich granic wobec pozostałych uczestników terapii. Najpierw musi minąć atak wstydu.

Aby zredukować uczucie wstydu, należy określić przede wszystkim, co spowodowało atak, tzn. nazwać katalizator wstydu. Następnie terapeuta prosi swojego klienta, aby spojrzał na dowolnie wybraną osobę z grupy i zwerbalizował swoje prawo do tego, co myśli, czuje czy jak się zachowuje.

Jeśli na przykład klient odczuwa wstyd związany z rzeczywistością po tym, jak wyraził swój gniew, terapeuta prosi go, aby zwerbalizował swoje prawo do wyrażania gniewu.

PRZYKŁAD 1:
T: Spójrz na Harry'ego i powiedz: „Mam prawo, aby wyrażać swoje uczucia, i mam prawo robić to głośno".

PRZYKŁAD 2:
T: Harry, spójrz teraz na Sally i powiedz: „Chcę, żebyś wiedziała, że mam prawo odczuwać gniew oraz mam prawo powiedzieć swojemu ojcu, jak się czuję".

PRZYKŁAD 3:
T: Paul, popatrz teraz na Harry'ego i powiedz: „Mam teraz prawo odczuwać gniew. Mam prawo wyrażać ten gniew i mam prawo powiedzieć matce, że jestem na nią zły".

Gdy klient nawiązuje kontakt wzrokowy z drugą osobą, wstyd zostaje wystarczająco zredukowany, aby mógł on wytyczyć swoje granice wobec pozostałych członków grupy.

Wytyczenie granic wobec grupy

Przed zebraniem informacji zwrotnych terapeuta prosi klienta o wytyczenie granic wobec pozostałych członków grupy.

PRZYKŁAD:
T: Harry, teraz wytyczysz swoje granice. Muszą one funkcjonować prawidłowo, abyś potrafił odpychać od siebie wszystko, co ciebie nie dotyczy, a przyjmować to, co dotyczy.

Informacje zwrotne

Prosząc o informacje zwrotne, terapeuta wyjaśnia członkom grupy, że chodzi teraz o ich reakcje na to, co się właśnie stało. Jeśli podczas zbierania informacji zwrotnych ktoś z członków grupy odczuwa ból, terapeuta odnosi się do jego odczuć. Jeżeli któryś z członków grupy zaczyna płakać, proces zostaje przerwany, aby dać mu czas na wypłakanie się. Kiedy ktoś próbuje walczyć z bólem, terapeuta prosi go, aby mocno oparł stopy na podłodze, a potem odpowiednio odnosi się do uzyskanych informacji.

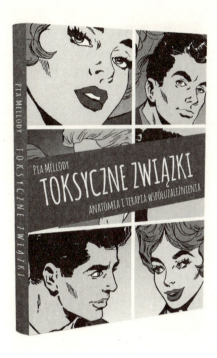

Współuzależnienie to skłonność do związków, w których miłość mylona jest z posiadaniem, a przywiązanie zamienia się w zależność. Zrozumienie istoty współuzależnienia to klucz do uzdrowienia toksycznych relacji między rodzicami i dziećmi lub relacji pełnych napięcia i cierpienia związków małżeńskich.

Toksyczna miłość to książka dla kobiet, które za bardzo kochają i dla mężczyzn, którzy duszą się w związkach z nimi. Dla kobiet (ale i dla mężczyzn) skłonnych do romantycznej miłości i idealizacji partnera, często rozczarowujących się. Dla mężczyzn (ale i dla kobiet) obwinianych przez bliskich, że zapracowani lub pogrążeni w swoich stresach nie mają czasu dla rodziny. Znajdziecie tu klucz do takich zjawisk jak zaborczość rodziców wobec dzieci, uzależnienie od guru czy psychoterapeuty, dewocja i religijny fanatyzm.